영·성·형·성·을·위·한
거룩한 독서

개정증보판

영성 형성을 위한 거룩한 독서
(Shaped by the Word)
초판 발행: 2004년 10월 1일
재판 발행: 2015년 3월 8일
저자: M. 로버트 멀홀랜드
역자: 최대형
발행처: 은성출판사
등록: 1974년 12월 9일
ⓒ 2004, 2015 은성출판사
전화: (070) 8274-4404
팩스: 6007-1154
e-mail: esp4404@hotmail.com
homepage: www.eunsungpub.co.kr
주소: 서울시 강동구 성내동 성내로3길 16

출판 및 판매에 관한 모든 소유권은 은성출판사가 가지고 있습니다. 출판사의 서면으로 사전 허락이 없이 번역, 제제작, 인용, 복사, 촬영, 녹음 등을 할 수 없습니다.

ISBN: 978-89-7236-420-7 33230
printed in Korea

Originally published in U. S. A. under the title of Shaped by the Word(Revised edition) by M. Robert Mulhollan Jr. copy rights 1985, 2000 Upper Room Books.

The Power of Scripture in Spiritual Formation

SHAPED BY THE WORD

M. Robert Mulholland Jr.

영·성·형·성·을·위·한
거룩한 독서

개정증보판

M. 로버트 멀홀랜드 지음

최대형 옮김

차례

서문 / 13

제1부 서론 / 15
  제1장 바른 위치 파악 / 17
  제2장 읽지 않으면서 읽는 방법 / 23
  제3장 영성 형성의 본질 / 31

제2부 중요한 인지적 변화 / 39
  제4장 하나님의 다양한 말씀 / 41
  제5장 정보와 영성 형성 / 63
  제6장 성경의 성상학적 본질 / 85
  제7장 하나님의 시간에 속한 실존 / 95

제3부 중요한 경험적 변화들 / 111
  제8장 기능적-관계적 요인들 / 113
  제9장 존재와 행위 / 131

제4부 영성 형성에서 발휘되는 말씀의 능력 / 147
제10장 껍질 깨기 / 149
제11장 웨슬리의 성경 읽기 지침 / 165
제12장 영적 독서의 장애물 / 1817
제13장 영적 독서의 실천 / 195

부록: 영성 형성과 심리학 / 227
주 / 235

책머리에

　기독교인은 누구나 하나님의 변화시키시는 능력을 이용할 수 있습니다. 그러나 변화된 삶은 우연히 임하는 것이 아닙니다. 우리가 그리스도 안에서 형성되는 것, 그리고 우리 안에 형성된 그리스도를 소유하는 것은 분명히 하나님의 선물입니다. 그런데 변화의 선물을 받으려 할 때에 우리에게 요구되는 것이 있습니다.

　많은 사람들이 세심한 가르침을 받지 못했기 때문에 이 선물을 받지 못합니다. 우리는 삶 속에 하나님의 변화시키시는 능력을 받아들이는 방법, 또는 하나님의 변화시키시는 현존 안에서 삶을 영위하는 방법에 대해 거의 가르친 적이 없습니다. 많은 사람들이 성경 안에서 이용할 수 있는 자원을 깨닫지 못한 채 영적 순례를 시작합니다.

　영성 형성을 위한 가장 중요한 자원들 중 하나가 성경 안에 있습니다. 우리가 성경에 접근하는 방식에 따라 성경이 우리의 삶에 미치는 바 변화시키는 효과가 크게 좌우될 것입니다. 멀홀랜드 박사는 정보

information와 형성formation을 구분했는데, 이것은 영성 형성을 진지하게 다루는 사람들에게 대단히 유익한 개념입니다. 그는 영성에 대한 정보를 얻기 위한 접근 방식informational approach의 빈곤을 지적합니다. 우리의 알고자 하는 욕구는 소비문화의 또 다른 표현, 우리의 습득적 본성의 표현, 더 많은 것을 소유하려는 욕망의 표현에 불과합니다. 멀홀랜드 박사가 제시하는 성경 접근 방법은 정보를 얻기 위한 접근 방법과는 근본적으로 다른 것입니다.

오늘날 영성 형성에 대한 지대한 관심은 하나님을 향한 인류의 깊은 갈망의 한 가지 증세입니다. 하나님을 향한 이러한 갈망에는 더 사랑스럽고 공정한 세계와 또 다른 대각성을 위한 큰 약속과 잠재력이 포함되어 있습니다. 이 시대에는 큰 위험도 포함되어 있습니다. 우리에게는 항상 값싼 은혜, 쉬운 방법, 확실한 대답, 성공 지향적인 프로그램을 제공하려는 유혹이 있습니다. 멀홀랜드는 하나님을 향한 우리의 갈망이 일시적인 열광이 되지 않게 해줄 수 있는 지침을 제공합니다. 여기에 우리의 영적 순례가 온전함과 성숙함과 완전함과 영성 형성을 향하도록 촉구하시는 분, 즉 하나님을 향해 움직일 수 있게 해주는 자원이 있습니다.

이 책은 유능하고 헌신적인 성경학자의 영적 순례의 결과입니다. 나는 영성 형성 아카데미Academy for Spiritual Formation에서 그의 강의를 듣는 특혜를 누렸는데, 그 강의는 듣는 사람들에게 하나님을 바라보는 창문이 되었습니다. 이 책이 독자들에게도 동일한 역할을 하기를 기원합니다.

Rueben P. Job
미국연합감리교 은퇴 감독

서문

이 책은 원래 1983년 5월에 다락방The Upper Room이 시작한 영성 형성 아카데미Academy for Spiritual Formation 첫 모임에서 행한 일주일 동안의 강의를 기초로 한 것입니다. 강의가 끝난 후 다락방의 편집장 루벤Rueben P. Job 감독은 되도록 빨리 그 강의안을 책으로 출판할 수 있게 준비해 달라고 요청했습니다.

그러나 당시 나는 가르치는 자로서의 책임과 관리자로서의 과중한 업무 때문에 그 일에 관심을 기울일 수 없었습니다. 이 과업을 촉진하기 위해서 다락방의 전임 편집장이었던 재니스 그라나Janice T. Grana 여사가 강의 테이프를 글로 옮겨 써 주었습니다. 많은 분량의 테이프를 글로 옮겨준 그라나 여사, 그리고 알지 못하는 많은 사람들의 노고에 감사드립니다.

그라나 여사의 후임 편집장으로서 이 책의 출판을 위해 일한 메리 로이Marie L. Roy 여사에게도 감사드립니다. 그분들의 지원과 격려와 충

고는 큰 도움이 되었습니다. 처음에 예정했던 원고 마감일까지 작업을 맞출 수 없게 되었을 때에도 그분들은 나의 입장을 충분히 이해해 주었습니다.

 마지막으로 내가 이 일을 할 수 있도록 희생적으로 지켜 보아준 가족들이 없었다면 이 책의 출판이 훨씬 더 지연되었을 것입니다. 무엇보다도 원고 교정을 위해 수고해준 아내와 장모님에게 감사를 드립니다.

1984년
켄터키 주 윌모어에서

제1부

서론

제1장

바른 위치 파악

교회에는 영성 형성 훈련이 기독교적 온전함으로의 성장에서 필수적인 부분이라는 의식이 있습니다. 점차 많은 영성 형성 프로그램들이 등장하고 있으며, 영적 여정에 관한 책들도 더 많이 저술되고 있습니다. 이것들 중 다수는 심오하고 값진 것들이지만 안타깝게도 피상적이고 단순화된 것들도 있습니다.

나는 영성 형성이라는 경험의 전문가가 아닙니다. 이 분야에 "전문가들"은 없을 것입니다. 우리는 그리스도 안에서 하나님이 우리를 위해 계획하신 온전함을 향해 가는 순례자들입니다. 우리는 순례하면서 경험하고 배운 것을 함께 나눔으로써 서로의 덕을 세워줍니다.

이 책이 당신의 영적 여정에서 하나님이 원하시는 것이 되기를 바랍니다. 하나님이 이 책을 통해 당신의 삶에서 무엇을 행하려 하시는지 나는 알지 못하며 당신도 알지 못할 것입니다. 우리가 특정 시점에 하나님이 우리의 삶 속에서 행하려 하시는 것을 완전하고 포괄적으로 정확히 알 수 있는지 의심스럽습니다. 우리가 정확히 안다면 하나님이 아닌 우리가 자신의 영적 여정을 통제할 것입니다. 하나님은 그리스도의 형상 안에 있는 온전함을 향한 우리의 성장이라는 목적을 가지고 계십니다. 당신이 개인적인 이유가 있어서 이 책을 읽겠지만 궁극적으로 개인적인 이유 때문에 이 책을 읽는 것은 아닙니다. 당신으로 하여금 이 책을 펼치게 만든 동기보다 훨씬 더 깊은 곳에 당신의 삶에서 성취하시려는 하나님의 목적이 있습니다. 이 책이 그러한 목적 중 일부라고 해도 좋을 것입니다.

나는 기도 안에서 당신과 언약을 맺고 싶습니다. 첫째, 이 책을 읽을 때 하나님께로 양도讓渡되어 나를 통해서 하나님이 말씀하실 수 있게 해달라고 기도하십시오. 둘째, 이 책을 통해서 하나님이 독자들의 삶에서 행하려 하시는 것에 복종할 수 있게 되기를 기도하십시오.

이제 마음을 가라앉히고 몇 분 동안 침묵하십시오. 나는 당신이 지난 몇 시간 동안 무엇을 행하고 있었는지 알지 못합니다. 하나님의 현존 안에 거하고 있었을 수 있습니다. 삶의 다양한 압박 때문에 분심되었을 수도 있습니다. 몇 분 동안 침묵하면서 정신을 집중하십시오. 이 장을 읽는 동안에 어떤 방식으로든지 자신을 하나님께 맡기고, 당신을 위한 하나님의 목적에 자신을 맡기십시오. 하나님이 당신 안에서 그 일을 하시도록 허락하십시오. 나와 함께 다음과 같이 기도합시다.

사랑이 많고 은혜로우신 하나님, 우리의 삶이 이 책 안에서 서로 연합되게 해주신 거룩하신 섭리에 감사드립니다. 하나님의 은혜에 의해서, 우리의 삶 속에서 이루어지는 성령의 역사에 의해서 우리가 함께 행하는 모든 일을 하나님께 맡기도록 도와주십시오. 그리하여 하나님이 우리 안에서 우리를 통해서 선을 이루시며 우리의 온전함을 위한 하나님의 뜻이 이루어지기를 기도합니다. 예수님의 이름으로 기도합니다. 아멘.

이런 종류의 책을 저술할 때 직면하는 어려움 중 하나는 기독교 영성의 실천과 경험에 대해서 독자들이 어느 위치에 있는지 알지 못한다는 것입니다. 즉 내가 말하는 것의 일부가 어떤 이들이 알고 있는 것일 수 있습니다. 이런 경우에 하나님이 이 책을 읽게 하신 이유가 인내라는 영성 훈련을 시키시려는 데 있다고 생각하십시오. 신약성경에서 어느 믿음의 조상이 말했듯이 기초적인 것을 거듭해서 듣는 것은 해가 되지 않습니다.

내가 언급하고자 하는 것들이 당신을 혼란스럽게 하거나 화나게 하거나 괴롭게 할 수 있습니다. 그것은 내가 의도한 목적이 아닙니다. 만일 당신에게 이런 일이 발생한다면, 그것을 하나님이 보다 깊은 차원에서 당신의 삶에 들어가려 하시는 순간이라고 생각하십시오. 그처럼 혼란스러운 관점, 당신을 화나게 만드는 요소, 괴로운 생각 등은 당신의 인생의 닫힌 문을 하나님이 두드리시는 것일 수도 있습니다. 나는 영성생활을 하면서 불안한 내적 평화를 파괴하는 것에 직면했을 때 그것이 나의 삶에서 하나님을 몰아내고 나 자신을 가두어 두었던 영역의 문을 하나님이 두드리시는 순간임을 발견했습니다.

사람들은 흔히 요한계시록 3장 20절의 예수께서 문을 두드리신다는 말씀이 하나님이 회개하지 않은 죄인의 마음문을 두드리시는 것을 의미한다고 생각합니다. 이 편지가 기독교인들에게 보내진 것임을 기억해야 합니다. 그들은 주변 문화의 가치관과 관점에 순응한 미지근하고 세속적인 사람들이었습니다(계 3:15-17). 그들은 자신의 삶에서 하나님을 몰아낸 기독교인들이었습니다. 하나님은 그들의 삶의 닫힌 문 앞에 서서 두드리시며 "내가 사랑하는 자를 책망하여 징계한다"(계 3:19)라고 말씀하십니다.[1]

하나님은 우리의 삶에서 우리의 온전함을 위한 하나님의 뜻과 일치하지 않는 것들에 대한 정보를 제공하실 때 그것들을 지적하시는 데 그치지 않습니다. 단순히 그것들을 제거하거나 변화시켜야 한다고 말씀하시는 것이 아니라 그 시점에서 우리를 양육하여 우리에게 필요한 온전함으로 인도하여 주십니다.

하나님이 우리 삶의 닫힌 문을 두드리시는 것의 근본적인 본질은 우리의 온전한 존재를 향한 관심입니다. 하나님은 우리 삶의 닫힌 부분을 두드리십니다. 우리는 내면의 감옥에 갇혀 이웃들과 함께 하는 삶의 온전함을 향한 하나님의 뜻과 사랑 안에서 자유를 누리는 것을 허락하지 않는 속박을 받고 있습니다. 나는 삶에서 나를 혼란스럽게 하고 화나게 하고 괴롭히며 인식이나 감정의 균형을 잃게 만드는 것을 만납니다. 이러한 경험들은 내 삶의 닫힌 문을 두드리시는 하나님의 노크가 됩니다. 이것들은 하나님이 내 존재 안에서 온전함을 향한 성장의 새로운 일을 시작하려 하시는 곳들입니다.

만일 이 책의 어떤 부분에서 내가 이야기하는 것으로 인해 혼란을 느끼더라도 읽는 일을 중단하지 말고 자신의 삶의 어떤 부분의 문을 하나님이 두드리고 계실 수도 있다는 가능성을 고려해 보기 바랍니다. 만일 이 경험 안에서 우리가 하나님의 음성을 듣고 문을 연다면 우리의 삶과 접촉하시는 하나님의 새로운 손길을 접하게 될 것입니다.

마지막으로 처음에는 내가 주제를 다소 완곡하게 다루는 것처럼 보일 것입니다. 당신은 내가 단순히 영성 형성에서 성경을 사용하는 방법에 관한 정보나 기법이나 방법이나 모델을 주기를 기대할 것입니다.

이러한 주제들에 대해서는 이 책 뒷부분에서 논할 것입니다. 그러나 그 방법은 우리가 생각하는 것보다 심오합니다. 그 방법은 일련의 정보나 기법이나 방법이나 모델이 아니며, 우리가 자신의 영성 형성에 성경을 도입하는 것은 하나님과의 관계 안에 있는 존재 양식일 수도 있습니다. 모든 기법이나 방법이나 모델은 본질적으로 결실을 거두지 못합니다. 만일 우리가 성경에 의해 영적으로 형성되는 것을 허락하는 존재 양식으로 성경에 접근하지 않는다면 해로운 것이 될 수도 있습니다.

따라서 우리의 영성 형성에서 성경의 역할을 위한 모델이나 기법이나 방법에 대해 고찰하기 전에 먼저 하나님으로 하여금 우리의 일상 생활에서 변화시키는 능력의 수단으로 그것들을 사용하실 수 있게 해 주는 존재 양식에 대해 살펴보아야 합니다.

제2장

읽지 않으면서 읽는 방법

당신이 이 책을 펼치는 순간 미리 조정된 일련의 강력한 인식의 원동력들이 활동하기 시작했습니다. 당신은 자신의 목적(이 책에서는 영성 형성)을 개진改進하기 위해서 사용할 수 있는(기법, 방법, 모델) 일련의 정보(본문)를 통제하려 하는 지배적인 힘(독자)으로서 자기 자신을 세워주는 방식, 평생 동안 교육적으로 강화된 방식의 "희생자"victim입니다.

우리는 자신이 읽고 있는 글을 통제하려는 뿌리 깊은 독서 방식을 가지고 있습니다. 우리는 항상 의식적인 것은 아니지만 보통 무의식적으로 확고한 주제를 가지고 본문을 대합니다. 만일 본문이 우리가 추구하는 주제와 맞지 않으면 그것을 포기하고 다른 본문을 찾습니다. 본문이 우리가 추구하는 주제와 맞을 때 그 본문을 정신으로 이해하고 통제합니다. 우리 존재의 이성적, 인식적, 지적인 능력은 우리의 주제에 적절하다고 생각되는 자료를 분석하고 비판하고 해부하고 인정하고 종합하고 이해하는 데 발휘됩니다. 따라서 우리의 일반적인 독서 방식은 본문을 통제 가능한 대상으로 인식하기 위한 것입니다. 우리는 본문에 대한 자신의 접근 방식을 통제하고 본문과의 상호작용을 통제하며, 본문이 우리의 삶에 미치는 영향을 통제합니다.

이러한 독서 방식은 영성 형성을 위한 성경의 역할을 방해합니다. 그것은 모든 참된 영성 형성을 방해하는 존재 방식의 일면에 불과합니다. 그런 까닭에 영성 형성의 방법이 생각보다 더 심오한 것일 수 있습니다. 영성 형성에서 성경의 역할은 일련의 정보나 기법이나 방법이나 모델이 아니라 하나님과의 관계 안에 있는 존재 방식입니다.

이러한 상황에 비추어 대체 학습 방식, 특히 독서 방식을 제안하려 합니다. 이 책을 읽으면서 이 대체 방식을 실험해 볼 수 있습니다.

첫째, 하나님 말씀에 귀 기울이는 것을 가장 중요하게 여겨야 합니다. 이 책을 읽는 동안 하나님이 말씀하시는 것을 듣는 일에 주의를 집중하십시오. 우리가 읽는 모든 것 안에서, 모든 것을 통해서, 그것의 안팎과 전후에서 하나님이 하시는 말씀을 경청하십시오. 그리고 계속 "이 모든 것 안에서 하나님이 내게 말씀하려 하시는 것은 무엇인가?"라고 질문하십시오. 이러한 자세를 가지고 본문을 대함으로써 우리를 일련의 정보에 정통한 지배적 힘이 되게 하는 학습 방식을 뒤집는 과정이 시작될 것입니다. 이제 우리는 삶에서 본문이 하나님의 은혜의 도구가 되는 것을 허락하기 시작합니다. 하나님이 본문을 통해서 우리의 삶을 위한 일정을 세우실 수 있는 가능성을 인정하기 시작합니다. 이 훈련은 성경 읽는 방법을 변화시키며 영성 형성에서 성경의 역할을 받아들일 수 있게 해줄 뿐만 아니라 하나님과의 관계 안에 있는 우리의 존재 방식을 변화시켜 참된 영성 형성을 강화할 수 있게 만들기 시작할 것입니다.

둘째, 이 책의 내용에 대해서 이성적 능력과 인지 능력과 지적 능력으로 반응하기보다는 마음과 영으로 응답하십시오. 그렇게 한다고 해서 존재의 인시적 이성적·분석적인 힘을 등한히 하지 않습니다. 우리의 문화와 일반적인 학습 방식에서 그것들이 과도하게 발달되었기 때문에 그것들이 균형을 잃을까 걱정할 필요가 없습니다. 문제는 우리가 인지적인 방향으로 치우쳐 있다는 데 있습니다. 우리는 지적으로 예민하고 총명할수록 더 빨리 개념들을 파악하고 통합하고 종합하며 균형을 이루게 된다고 생각하는 경향이 있습니다.

그러나 존재의 완전함에 관해서는 그렇다고 확신할 수 없습니다. 우리는 정신(뜻)을 다하여 하나님을 사랑해야 합니다. 우리는 인지적 기능과 지적 기능과 이성적인 기능을 최대한 활용하려 해야 합니다. 이러한 목표를 피할 수 없습니다. 정신을 다하여 하나님을 사랑하라는 명령이 예수님의 목록에 있는 명령보다 조금 덜 심각한 것임을 기억해야 합니다. 마음과 혼을 다하여 하나님을 사랑하는 것이 정신(뜻)을 다하여 하나님을 사랑하는 것보다 우선합니다. 그러나 우리의 주도적인 존재 방식은 이성적이요 인지적이요 지적인 것입니다. 우리는 정신의 인지 과정을 통해서 모든 것을 면밀히 조사합니다.

이러한 활동 방식은 잘못된 것이 아니지만 우리의 삶에서 이성적인 힘과 인지적인 힘과 이성적인 힘의 역할은 불균형입니다. 그러한 불균형의 문제점은 우리로 하여금 자신이 대면하는 모든 것들로부터 물러서며, 그것으로부터 독립된 위치를 취하며, (자신의 최선의 판단에 비추어) 그것을 평가하고 그것을 다루는 방법에 관한 결정을 한다는 데 있습니다. 여기에서 생겨나는 문제가 무엇인지 알 수 있습니까? 만일 우리가 만나는 모든 것 안에서 우리를 만나시는 분이 하나님이라면 어찌 되겠습니까? 만일 우리가 순수히 인지적이고 이성적이고 지적인 행동 방식에 머물러 있으면서 자신이 만나는 것을 자신의 이해 관계에 비추어 평가하여 그것이 자신을 위한 것인지 결정한다면 어찌 되겠습니까? 만일 우리가 이렇게 행동한다면 이것이 우리 삶의 주도적인 성향입니다. 우리는 자신의 존재의 문을 하나님이 두드리시지 못하도록 둘러싸고 있다고 볼 수 있을 것입니다. 그 이유는 무엇입니까? 우리가 그 만남의 보다 깊은 차원에서 하나님의 존재의 가능성에 대해 자신의 존재를 개방하지 않기 때문입니다.

성경을 읽는 데 있어서 대체 방법을 채택하기 어려울 수도 있습니다. 우리의 삶에 뿌리를 내리고 있는 이 불균형에 저항하는 자신을 발견할 수도 있습니다. 우리는 자신이 끊임없이 처리되는 정보에 대해서 이성적이고 인지적이고 비판적인 접근 방식으로 기우는 것을 발견할 수도 있습니다. 그렇다 해도 자신이 제안한 방식을 시도해 보십시오. 성경에 접근하는 데 있어서 한 가지 문제는 우리가 인지적이고 이성적이고 비판적인 방식으로 접근하는 것이므로 자신이 제안한 방식이 효과를 거둘 것입니다. 우리는 성경을 피하며, 자신의 존재 및 그 순간의 자신의 일정에 비추어서 성경을 바라보고 평가하고 판단합니다. 우리가 성경에 응답하지만, 종종 그 응답은 성경을 통해서 하나님이 말씀하시는 것을 허락하는 차원이 아닌 다른 차원에서 성경을 해석하는 것입니다. 우리는 자신의 거짓된 자아를 입증하기 위해서, 그리고 하나님께 대한 근본적인 포기를 통해서 실현되는 참 자아로의 부르심에 저항하기 위해서 성경을 조종합니다.

이 책에서 제안하고자 하는 세 번째 요점은 보다 깊은 존재의 차원에서 반응하라는 것입니다. 자신에게 다음과 같이 질문해 보십시오: 지금 듣는 말에 대해서 나는 어떻게 느끼는가? 그것에 대한 나의 반응은 어떠한가? 내면 깊은 곳에서 우러나오는 반응은 무엇인가? 내 영의 깊은 곳에서 무엇이 요동하는가? 그 다음에 다음과 같이 질문해 보십시오: 내가 그렇게 느끼는 이유는 무엇인가? 왜 그렇게 응답하게 되었는가? 나의 내면에 이러한 감정이 있는 이유는 무엇인가? 나의 내면 깊은 곳에서 무슨 일이 일어나고 있는가? 이 훈련이 보다 깊은 존재의 실체와 만나는 기회가 되어야 합니다. 우리의 반응은 습관, 태도, 관점, 삶에 대한 반응 등에 대해 무엇을 말해주는가? 자신에 대해서 무엇인가 배우기 시작하고 있는가?

토마스 아 켐피스는 "깊이 있는 학습을 추구하는 것보다는 우리 자신에 대한 겸손한 지식이 하나님에게 가는 확실한 길"[2]이라고 말했습니다. 이 책을 읽으면서 존재의 인지적·이성적·지적인 반응 패턴이 균형을 이루기 시작한다면, 이 학습 과정을 통해서 자신에 대한 겸손한 지식이 임할 수 있습니다.

이 책을 읽는 동안 이러한 변화가 일어난다면 영적 독서 준비가 된 것입니다. 장차 영성 형성적 자료가 될 정보적 자료에 반응하는 방식을 개발할 것을 권합니다. 이러한 반응 방식은 하나님의 음성을 거르는 데 사용되는 "이성적인 필터"를 활짝 여는 데 도움을 줄 것입니다. 우리는 마음과 혼의 차원에서 듣기 시작할 것입니다. 예수님은 종종 기이하게도 "귀 있는 자는 들으라"[3]고 권면하셨는데, 이것이 어떤 종류의 듣지 못함을 의미하지 않는다면 이상한 권면입니다. 예수님은 거짓 자아가 하나님으로부터 자신을 보호하는 데 사용하는 이성적 필터 작용에 대해 말씀하신 듯합니다.

우리 문화에서 우리는 들을 귀를 가지고 있지만 듣지 않도록 형성되어 왔습니다. 우리는 존재의 깊은 차원에서 듣는 방법을 알지 못하고 있으므로, 이 방법을 재발견해야 합니다. 우리의 영성 형성에서 하나님이 의도하신 역할을 성경이 완전히 발휘하는 것을 허락하려 할 때 가장 큰 문제는 우리 존재의 깊은 차원에서 하나님이 성경을 통해서 변화를 이루시는 분명한 방식으로 말씀하시는 것을 허락하는 반응 방식을 발달시키는 데 있습니다.

여기서 제안한 세 가지 방법이 성경에 반응하는 대체 방식을 발달시키는 수단이 되기를 기원합니다.

제3장

영성 형성의 본질

영성 형성이란 이웃을 위해서 그리스도의 형상과 일치되어가는 과정입니다.[4] 이 책 전체의 논의를 위한 공통된 기초를 확보하기 위해서 이 정의의 네 가지 요소를 간단히 살펴보려 합니다: 과정, 일치되어감, 그리스도의 형상, 이웃을 위함.

과정

영성 형성의 여정 중 어느 지점에서 순간적인 경험들이 있을 수 있지만, 영성 형성 자체는 순간적인 경험이 아닙니다. 영성 형성은 그리스도의 형상으로 성장하는 평생의 과정입니다. 이러한 영성 형성의 점진적漸進的인 측면은 순간적인 욕구 충족 문화의 기질氣質과 반대로 이동합니다. 우리는 시간과 노력과 자원 투자에 대한 즉각적인 보상을 기대하는 데 길들여졌습니다. 이런 까닭에 삶의 실질적인 변화를 경험하기 전에 긴 영적 훈련 기간을 거쳐야 하는 필요성을 받아들이기 어려울 수 있습니다. 영성 형성의 이러한 측면에 대해서는 영적 훈련을 논의하는 부분에서 더 깊이 다루겠습니다.

영성 형성은 우리가 선택할 수 있는 것이 아닙니다. 그것은 "헌신적인 제자들"만을 위한 훈련이 아닙니다. 영성 형성은 경건한 사람들만이 추구하는 것도 아닙니다. 영성 형성은 깊이 헌신한 사람들만 위한 활동이 아닙니다. 영성 형성은 시간과 의향을 가진 사람들을 위한 영적 장식품도 아닙니다. 영성 형성은 인간 존재의 근본 실체입니다. 삶의 모든 사건들이 영성 형성의 경험입니다. 우리가 취한 모든 행동, 이루어진 모든 반응, 역동적인 모든 관계, 모든 생각, 모든 감정 등은 우리가 어떤 종류의 존재로 형성되어가는 장소인 작은 경기장들arenas입니다. 우리는 그리스도의 형상의 온전함을 향해 형성되거나, 아니면 그 형상이 끔찍하게 파괴적으로 풍자되는 모습으로 형성됩니다. 그렇기 때문에 바울은 "또 무엇을 하든지 말에나 일에나 다 주 예수의 이름으로 하고 그를 힘입어 하나님 아버지께 감사하라"(골 3:17)고 권합니다. 기독교인의 영적 여정은 하나님 안에 있는 삶, 하나님을 통한 삶, 하나님을 위한 삶입니다.

본질적으로 인간 생활은 영성 형성입니다. 문제는 "영성 형성을 실천하느냐"의 여부가 아니라 "우리가 참여하고 있는 영성 형성이 어떤 종류인가?"입니다. 우리는 세상의 분열과 깨짐에 동화되어가고 있습니까, 아니면 그리스도의 형상의 온전함과 통일성에 일치되어가고 있습니까?

이 책에서 우리는 영성 형성의 주된 원동력 중 하나가 우리 문화에 의해 우리 존재 안에 교활하게 살며시 뿌리 내린 부정적이고 파괴적인 영성 형성임을 이해하게 될 것입니다.

일치되어감

영성 형성에서 "일치되어감"이라는 측면은 우리의 문화 변용 acculturation의 단면에 역행합니다. 우리 문화는 객관화하고 정보 습득적이며 기능적인 문화입니다. 우리는 존재하는 모든 것이 우리의 목적이나 하나님의 목적을 위해 파악되고 통제되고 조정되어야 한다고 인식하는 물질주의적/인본주의적 문화의 지배를 받습니다. 이러한 관점이 깊이 새겨져 있기 때문에 우리는 세상이나 사람들, 심지어 하나님에 대한 자신의 이해와 통제와 조정의 효율성에 의해서 자신의 자아상, 존재 의미, 가치, 목적 등을 결정합니다. 우리는 나의 목적을 위해 "밖에 있는 것"out there을 조정하기 위해 정보를 습득함으로써 지배력을 행사하려 합니다.

"일치되어감"이라는 사상(이것은 우리가 자신이 아닌 다른 사람에 의해 붙잡히고 통제되고 형성된다는 의미를 함축한다)은 우리에게 깊이 새겨져 있는 존재 의식에 대항합니다. 붙잡는 사람들graspers은 하나님께 붙잡히는 것에 강하게 저항합니다. 통제하는 사람들controllers은 본질적으로 하나님께 통제권을 양보하지 못합니다. 조종하는 데 능한 사람들manipulators은 하나님에 의해 형성되는 것을 강력히 거부합니다. 정보 수집자들information gathers은 구조적으로 하나님이 하시는 말씀에 대해 폐쇄적입니다. 정보 취득자들information takers은 정보를 받아들이기 어렵습니다. 광적으로 기능적인 행동주의자들은 가만히 있어 하나님의 하나님 됨을 알기(시 46:10) 어렵습니다. 앞에서 "누구든지 자기 목숨을 구원하고자 하면 잃을 것이요 누구든지 나와 복음을 위하여 자기 목숨을 잃으면 구원하리라"(막 8:35)는 예수님의 말씀의 깊은 의미에 대해 살펴 본 바 있습니다.

우리 문화에서 순간적인 욕구의 충족을 기대하는 것은 소유하고 통제하고 조종하는 생활 방식의 부산물입니다. 그것은 우리가 유능한 사람이라는 것을 확인하기 위해 필요한 반응입니다. 그것은 우리의 기능적인 자기 정체성을 확인해줍니다. 우리가 행하는 것이 그러한 만족감을 주지 못한다면, 그것은 우리가 "밖에 있는 것"out there을 효과적으로 유능하게 지배하지 못한다는 의미가 될 것입니다. "일치되어감"이라는 사상은 이와 같이 우리의 내면 깊이 새겨진 가능성들을 공격합니다. 우리는 하나님의 계획에 따라 하나님에 의해 형성되는 것을 믿고 인내하며 기다리지 못합니다.

참된 영성 형성(일치되어감)은 우리 문화의 부정적인 영성 형성의 대역전입니다. 그것은 우리의 역할을 세상의 객체들을 지배하는 주체가 되는 것에서부터 우리의 온전함을 위해서 우리를 지배하려 하시는 하나님의 목적의 대상이 되는 것으로 전환합니다. 참된 영성 형성은 우리를 지배자로서의 역할(자신의 삶에서 바라는 결과를 얻기 위해 행동하는 지배자)에서부터 우리의 삶에서 하나님의 성령이 활동하여 하나님의 목적을 이루시도록 양도하는 존재로 전환합니다. 참된 영성 형성은 습관적인 욕구 충족을 기대하는 자세를 인내하며 순종하는 자세로 변화시킵니다. 참된 영성 형성은 우리가 자신의 결과물이 아니라 하나님의 피조물이 되는 근본적인 변화를 일으킵니다.

그리스도의 형상

일치됨의 목표, 즉 우리의 삶에서 하나님이 이루시고자 하는 역사役事의 목표는 우리의 행동과 존재가 그리스도의 존재와 행위를 닮아감에 있어서 자신의 정화, 치유, 회복, 갱신, 변화를 발견하는 것입니다. 바울은 고린도후서 3장 17-18절에서 이것을 간명하게 표현합니다:

"주는 영이시니 주의 영이 계신 곳에는 자유가 있느니라 우리가 다수건을 벗은 얼굴로 거울을 보는 것같이 주의 영광을 보매 그와 같은 형상으로 변화하여 영광에서 영광에 이르니 곧 주의 영으로 말미암음이니라. "

이러한 영성 형성은 우리가 그리스도의 형상을 닮지 않은 지점에서 일어납니다. 즉 우리의 삶에서 그리스도의 모습과 닮지 않은 곳에서 하나님이 우리를 만나 주십니다. 여기서 하나님은 상한 우리를 대면하시고, 하나님의 용서와 치유에 응답하게 하시며, 우리 자신을 하나님께 헌신하라고 부르십니다. 우리가 응답하는 그곳에서 하나님은 우리로 하여금 그리스도의 형상과 일치하도록 역사하십니다.

성경은 그리스도의 형상에 일치되어가는 전체 과정의 중심 가까이에 있습니다. 성경은 우리가 붙잡고 통제하고 조종하려는 실존 방식 안에서 우리를 대면하시기 위해 하나님이 사용하시는 주된 통로들 중 하나입니다. 성경은 하나님이 우리를 일깨워 새로운 존재 방식의 가능성과 활력을 얻게 하는 데 사용하시는 주요 수단 중 하나입니다.

이웃을 위하여

진정한 영성 형성의 가장 어려운 측면은 우리 이웃들과의 관계와 분리할 수 없다는 사실일 것입니다. 지나치게 자기 중심적인 문화에서 우리의 영성은 우리와 하나님 사이의 개인적인 일이라는 개념, 그리고 이웃들이 부차적인 역할을 할 뿐이라는 개념에 쉽게 굴복합니다. 예수님은 가장 큰 계명에 대한 질문에 다음과 같이 대답하십니다:

"첫째는 이것이니…네 마음을 다하고 목숨을 다하고 뜻을 다하고 힘을 다하여 주 너의 하나님을 사랑하라 하신 것이요 둘째는 이것이니 네 이웃을 네 자신과 같이 사랑하라 하신 것이라 이보다 더 큰 계명이 없느니라"(막 12:30-31).

일반적으로 우리는 "둘째"라는 단어를 접하면 그 뒤에 따르는 것이 "첫째"보다 열등하다고 생각합니다. 그러므로 하나님을 사랑하는 것이 우선입니다. 그 다음에 혹시 시간이나 에너지나 관심이 있으면 이웃을 고려할 수 있을 것입니다. 그러나 예수님의 이 말씀은 다음과 같이 번역되어야 합니다:

"네 마음을 다하고 목숨을 다하고 뜻을 다하고 힘을 다하여 주 너의 하나님을 사랑하라. 달리 표현하자면 네 이웃을 네 몸과 같이 사랑하라."

내가 이 번역을 함부로 다룬다고 생각하는 사람은 요한일서를 읽어 본 적이 없는 사람입니다. 요한일서의 요점은 우리와 하나님의 관계가 이웃과의 관계 안에 뗄 수 없이 자리 잡고 있다는 것입니다. 예수님 말씀의 첫 부분은 세 복음서, 즉 마가복음과 마태복음과 누가복음에만 있습니다. 그러나 둘째 부분 "이웃 사랑"에 관한 말씀은 최소한 세 곳, 즉 로마서 13장 9절, 갈라디아서 5징 13질, 야고보서 2장 8절에서 발견됩니다. 다시 말해서 초대교회는 이 말씀의 정확한 의도를 파악했다고 볼 수 있습니다. 우리와 하나님의 관계의 배경이 우리와 이웃의 관계입니다.

이 사실은 우리의 영적 성장을 평가하는 데 강력하지만 불편한 수단을 제공합니다. 우리는 이웃과의 관계 안에서 점차 그리스도를 닮아가고 있습니까? 우리의 영적 여정이 그리스도의 형상과 일치되어 가는 과정이라면, 이 여정은 우리로 하여금 이웃과 더불어 살면서 점점 더 그리스도를 닮게 해줄 것입니다.

이제 영적 여정에서 성경의 주된 역할을 알게 되었습니다. 성경 말씀은 우리가 하나님을 만나는 장소일 뿐만 아니라 우리와 이웃 간의 관계에 대한 본질을 알게 합니다. 이제 성경이 우리와 이웃의 관계를 하나님과의 만남으로 변화시키는 과정을 살펴보겠습니다.

제2부

중요한 인지적 변화

제4장

하나님의 다양한 말씀

우리의 지각의 틀

우리는 세상에서의 삶을 형성하는 바 깊이 뿌리 내린 관점, 즉 습관, 태도, 지각, 대인관계의 원동력, 반응 방식 등을 가지고 있습니다. 우리의 지각의 틀perceptual framework은 하나님에 대한 이해, 우리 자신에 대한 이해, 그리고 이웃에 대한 이해를 형성합니다. 일상생활에서 지각의 틀들은 이 삶의 세 가지 기본 관계 안에서 우리의 상호작용을 형성합니다. 그것들이 우리가 삶의 정황에 반응하고 반작용하는 방법을 조절합니다.

이 틀들은 우리의 감옥이 될 수 있으며, 종종 우리의 감옥이 됩니다. 우리는 자신이 그것들의 속박을 받고 있음을 발견합니다. 우리의 장래는 과거의 재연再演이 됩니다. 우리의 영성 형성에서 성경이 발휘하는 역할들 중 하나는 이렇게 구속하는 속박에서 우리를 자유롭게 해 주는 것입니다. 성경은 우리를 지각의 틀이라는 속박에서 해방시킬 뿐만 아니라 세 가지 기본 관계, 즉 하나님과의 관계, 자기 자신과의 관계, 그리고 이웃과의 관계 안에서 삶의 충만함을 발견하는 곳인 온전함의 변화되고 영원히 확대되는 지각적 원동력을 우리 안에서 발전시키고 양육해줍니다.

그런데 성경이 우리를 낡은 지각의 틀이라는 속박에서 어떻게 해방시킬 수 있습니까? 우리가 자신의 거짓 자아의 구조, 즉 우리 실존의 기본적인 실체로서 우리의 일정을 중심으로 건설하는 지각의 틀을 강화해 주는 방식으로 성경을 읽는 습관을 성경이 어떻게 파괴합니까? 이 문제와 관련하여 지각의 틀의 속박으로부터의 해방을 경험하는 데 도움이 될 네 가지 방법을 다루려 합니다. 첫째, 하나님의 다양한 말씀에 관해 다루려 합니다(제4장). 둘째, 정보information와 형성in-formation에 관해 다루려 합니다(제5장). 셋째, 성경의 성상학(聖像學: 화상·조상 등)에 의한 주제의 상징적 제시법적인 본질을 다루려 합니다(제6장). 넷째, "하나님의 때에 따른 실존"kairotic existence에 대한 성경적 설명을 다루려 합니다(제7장).

우리는 하나님의 "말"입니다.

우리의 지각의 틀이 어떤 것이든지 먼저 우리 자신에 대해 이해해야 합니다. 우리는 하나님의 말씀(a word: 소문자)입니다. 모든 인간은 하나님이 말씀하여 존재하게 된 말씀입니다. 바울은 "창세 전에 그리스도 안에서 우리를 택하사 우리로 사랑 안에서 그 앞에 거룩하고 흠이 없게 하시려고"(엡 1:4)라고 말했습니다. 나는 여러 해 동안 이 구절을 읽으면서 "택하사"chose라는 단어에 주목했습니다. 헬라어로 이싯은 *ek*라는 전치사와 *lektos*라는 단어로 이루어져 있습니다. *lektos*는 *lego*에서 파생된 것입니다. *ek*는 "…에서부터"out of 또는 forth from를 의미하며, *lego*는 "말하다"to speak를 의미합니다. 따라서 그것은 "말하여 공표하다"speak forth로 번역하는 것이 적합할 듯합니다. 우리가 어떤 사람이나 사물을 선택한다면, 선택할 수 있는 여러 가지 중에서 그 사람이나 사물을 공표하지 않겠습니까? 따라서 바울은 하나님이 "창세 전에 그리스도 안에서 우리를 택하여 공표하사speak forth 우리로 사랑 안에서 그 앞에 거룩하고 흠이 없게 하셨다"고 말합니다.

바울은 우리를 창세기 1장으로 데려 가는듯합니다: "하나님이 이르시되…하시니… 있었고." 그것은 최초에 말씀으로 모든 것을 창조하여 존재하게 하신 하나님의 말씀에게로 우리를 데려갑니다. 바울은 우리를 한층 더 멀리 데려갑니다. 그는 우리가 창세 전에 공표된 하나

제4장 하나님의 다양한 말씀

님의 말씀이라고 말합니다. 여기에는 인간 실존에 대한 우리의 인식에 대한 함축된 의미들이 있습니다. 바울은 인간의 생명이 창조나 진화에서 파생된 결과가 아니며, 창조가 인간 실존에 종속되는 것이라고 말합니다.

바울은 로마서 8장 29절에서 이와 관련된 통찰을 제공하면서 "하나님이 미리 아신 자들을 또한 그 아들의 형상을 본받게 하기 위하여 미리 정하셨으니"라고 말합니다. "하나님이 미리 아신 자들"이란 우리가 잉태될 때 천국에 비상 사태가 없었음을 가리킵니다. 아마 우리의 가정에 끔찍한 긴급 사태가 있었을 수 있습니다. "뜻하지 않은" 임신은 지장을 초래할 것입니다. 그러나 하나님에게 있어서 우리의 잉태는 뜻하지 않은 일이 아니었습니다. 하나님의 사랑의 마음 안에서 우리는 존재하도록 의도되어 있었습니다. 세상의 기초가 놓이기 전에 이미 하나님은 우리가 존재하도록 공표하셨습니다. 하나님은 우리가 존재할 것을 미리 알고 계셨습니다.

하나님은 우리가 존재할 것을 공표하셨을 뿐만 아니라 그 "말"(word)이 특별할 형태로 형성될 것도 공표하셨습니다. 하나님은 우리가 사랑 안에서 하나님 앞에 거룩하고 흠이 없는 존재가 될 것을 공표하셨습니다. "거룩함"이 하나님의 형상으로 된 우리 존재의 완전함과 연결되어야 합니다. "흠이 없음"은 그 존재의 완전함에서 흘러나오는 행동들과 연관되어야 합니다. 하나님은 우리의 삶의 존재와 행동하는 원동력들과 관련됩니다. 로마서에서 바울은 이것을 "하나님이 미리 아신 자들로 또한 그 아들의 형상을 본받게 하기 위하여 미리 정하셨으니"라고 달리 표현합니다. 거룩하고 흠이 없다는 것은 우리가 존재와 행동에 있어서 예수님의 형상을 본받는 것입니다.

문제의 핵심은 하나님이 우리의 존재를 공표하셨다는 것입니다. 어느 성인은 "나는 하나님의 호흡입니다. 하나님은 지금 나를 호흡하고 계십니다"라고 했습니다.[5] 우리 안에 있는 심오한 것이 하나님과 접촉합니다. 이것은 우리를 창세기 2장으로 데려갑니다. 창세기 2장을 보면 하나님이 흙으로 사람을 지으시고 생명의 숨(생기)을 그 코에 불어넣으시니 사람이 살아 있는 존재(생령)가 되었습니다. 창세기 1장에는 "말"이라는 이미지가 등장하고, 2장에는 "호흡"이라는 이미지가 등장합니다. 하나님은 우리에게 호흡을 불어넣으신 결과 우리를 존재하게 하셨습니다. 다시 말해서 우리는 하나님의 "호흡"입니다. 우리에게 숨을 불어넣어 존재하게 하신 "말"은 그리스도의 형상 안에서 우리의 온전함을 원하시는 하나님의 뜻입니다.

우리의 "말"의 성육

하나님이 우리에게 불어넣으신 "말"word이 우리 안에 성육되어야 합니다. 우리의 육체적인 삶, 정신적·심리적·정서적인 삶, 즉 피조된 우리의 전 존재는 이웃의 삶 속에 존재하도록 하나님이 공표하시는 "말"의 표현입니다. 우리는 하나님의 성육하신 "말"이 되도록 피조되었습니다. 우리의 존재 전체 안에서, 그리고 세상에서 우리가 서로 관계를 가지는 모든 것 안에서 하나님은 우리로 존재하도록 공표하시는 "말"의 완전한 표현을 추구하십니다.

그러나 우리 자신인 "말"word, 우리 안에 성육하시는 "말"이 끊임없이 우리 안에, 즉 우리의 성육신 안에서 형성되고 있습니다. 그것은 우리의 "말"이 하나님의 말씀에 의해 형성되고 있을 때 긍정적으로 형성되고, 우리의 "말"이 세상의 가치관과 구조에 의해 멋대로 고쳐지고 왜곡되고 천하게 될 때 부정적으로 형성됩니다. 우리의 "말"은 거짓되고 온전하지 못한 것들에 의해 왜곡되었고, 파괴적인 삶의 원동력들의 침투에 의해 왜곡되었고, 기만적인 관계의 모델들의 침입으로 말미암아 천하게 되었습니다. 우리가 이 책을 읽는 한 가지 이유는 우리 자신의 흠이 있는 "말"로부터 벗어나서 그리스도의 형상 안에 있는 완전함을 향한 여정을 진행하려는 소원 때문일 수도 있습니다. 우리는 자신의 "말"이 하나님이 공표하시면서 세상에서와 이웃의 삶 속에 존재하도록 의도하신 말이 되도록 허락하려 할 것입니다. 우리는 자신의 말의 수정, 왜곡, 가치 저하 등이 정화되고 치유될 수 있는 방법, 그리고 하나님–말이 우리들의 삶 속에서 분명히 공표된다는 것을 배우려 할 것입니다.

문제는 하나님이 우리로 하여금 존재하도록 공표하신 "말"의 가치를 떨어뜨리는 여러 가지 원동력이 있다는 사실입니다. 우리 내면의 습관들, 타고난 태도들과 완강한 관점들, 예측할 수 있는 외적인 반작용들과 굳어진 반응 속에서 우리는 하나님이 존재하도록 공표하신 "말"의 가치를 떨어뜨립니다. 사도 바울은 로마서 7장에서 이러한 가치 저하와 씨름합니다. 로마서 7장이 기독교인이 되기 전의 바울을 묘사하는지, 아니면 회심한 후의 기독교인 바울을 묘사하고 있는지에 대해 학자들 간에 논란이 있습니다. 나는 그것이 회심한 후의 바울을 묘사한다고 확신합니다. 나는 바울이 이야기한 것을 경험하고 있으며 당신도 경험하리라고 확신합니다. 바울은 "내가 원하는 바 선은 행하지 아니하고 도리어 원하지 아니하는 바 악을 행하는도다"(롬 7:19)라고 했습니다.

바울도 우리처럼 자기의 내면에 그의 온전함을 향한 하나님의 뜻과 일치하지 않는 존재의 원동력들이 있다는 것을 발견했습니다. 그는 하나님이 그로 하여금 존재하도록 공표하신 말이 멋대로 수정되고 비틀리고 가치가 저하되었음을 발견합니다. 우리는 개인적으로 예수를 알게 된 후에도 이러한 현실을 발견합니다. 그리하여 영적 탐구를 시작합니다. 우리는 자신이 하나님이 세상에 존재하도록 공표하신 "말"이 되려면 지금까지 경험한 것보다 더 많은 온전함과 치유와 정화가 필요하다는 것을 깨닫기 시작합니다.

살아 있고 예리하며 변화시키는 하나님의 말씀

우리의 "말"이 그리스도의 형상 안에서 온전하게 형성되는 일은 우리의 "말"word이 하나님의 "말씀"Word에 의해 형성되는 것을 허락함으로써 이루어집니다. 깊은 의미에서 우리의 "말"word은 하나님의 "말씀"Word 안에 감추어져 있습니다. 우리 존재의 본질은 하나님의 본성의 본질 안에 뿌리를 두고 있습니다. 하나님의 형상으로 지음을 받았다는 사실이 이것을 지적해 줍니다(창 1:26). 자신의 온전함이라는 본질 안에 있는 우리의 존재는 하나님이신 분의 형상입니다. 우리의 "말"word이 하나님의 "말씀"Word에 반향反響하는 것을 허락하기 시작할 때, 우리는 자신의 존재 안에서 보다 높은 차원의 온전함을 경험하기 시작합니다. 우리는 이웃과의 교제 안에서 그러한 온전함을 경험하며 하나님이 우리로 하여금 존재하도록 공표하신 삶 안에 개입하기 시작합니다. 이 관점이 성경을 어느 정도 다른 차원에 두며, 우리가 지각의 틀의 변화를 경험하기를 바랍니다.

우리를 형성해 주는 말씀은 어떤 것입니까? 나는 삼위일체 중 두 위격을 결합하여, 예수님도 말씀Word이며 성령도 말씀Word이라고 말하려 합니다. 이것은 우리가 성경에서 하나님의 말씀Word을 대하는 두 가지 주된 형태입니다. 말씀Word이신 예수님은 요한복음 서언에 분명히 제시됩니다: "태초에 말씀이 계시니라 이 말씀이 하나님과 함께 계셨으니 이 말씀은 곧 하나님이시니라…말씀이 육신이 되어"(요 1:1, 14).

예수님이 말씀으로 분명히 묘사된 또 다른 곳은 요한계시록 19장입니다. 예수님은 백마를 타고 계신 하나님의 말씀Word이라고 불립니다(계 19:14). 예수님이 하나님의 말씀으로 묘사되는 부분에는 그의 입에서 날카로운 칼이 나온다는 이미지도 등장합니다(계 19:15). 이 이미지는 계시록 1장 16절과 2장 12절에서도 소개되는데, 거기서는 예수님의 입에서 날 선 검이 나온다고 묘사됩니다. 양쪽에 날이 선 칼이라는 묘사는 하나님의 말씀은 "좌우에 날 선 어떤 검보다도 예리하여"(히 4:12)라는 말씀을 상기하게 합니다. 바울은 에베소서 6장 17절에서도 하나님의 말씀을 칼("성령의 검")로 표현합니다.

예수 안에 현존하고 성령 안에서 활동하시는 이 하나님의 말씀Word에는 최소한 두 가지 특징이 있습니다. 첫째, 그것은 존재하는 모든 것의 배경입니다. 이것이 요한복음 서언에서 전하는 것입니다. 말씀은 존재하는 모든 것의 근원이요, 형성하는 원동력이요 본질입니다. 말씀Word이 없이 만들어진 것이 하나도 없습니다(요 1:3). 만물이 말씀Word을 통해서 존재하고 말씀에 의해 유지되고 말씀 안에서 생명을 갖습니다. 이것이 하나님으로부터 공표된 우리의 "말"word이 말씀이라는 배경 안에서 공표된다는 의미입니다.

둘째, 말씀Word이 육신이 되셨습니다. 이 말씀은 인간 실존 안에 개입되는 말씀입니다. 그것은 정적靜的인 개념이 아닙니다. 신약시대에 유행하던 철학인 스토아주의에는 로고스logos, 또는 말한 것word이라는 개념이 있었는데, 이 로고스가 우주를 형성하고 조직하는 원리로서 모든 것을 통합하고 그 경로를 지시한다고 보았습니다. 그것은 비인격적이고 인간의 일에 개입하지 않는 말이었습니다. 그러나 지금 우리가 언급하고 있는 말씀Word은 인간 실존에 적극적으로 개입되어 있습니다. 여기에 우리가 이해해야 할 성육신의 중요한 특징 중 하나가 있습니다. 즉 단순히 하나님이 인간이 되셨다는 사상이 아니라 하나님의 말씀Word이 삶의 한복판에서 밀접하게, 그리고 참되게 우리와 연관된다는 사상입니다. 말씀Word이 계속 하나님의 백성에게 오시지만 많은 사람들은 그 말씀을 받아들이지 않습니다. 말씀을 받아들이는 사람들에게는 하나님이 자녀—하나님이 세상에 존재하도록 공표하시는 자녀—가 되는 능력을 주십니다.

"하나님의 말씀은 살아 있고 활력이 있어"(히 4:12-13)에서 이러한 말씀의 의미가 가장 잘 표현된 듯합니다. 즉 하나님의 말씀은 우리의 삶 안에 창조적이고 적극적으로 존재하면서 하나님의 목적을 성취하려 합니다. 히브리서 기자는 그 다음에 좌우에 날 선 검이라는 이미지를 사용합니다. 하나님의 말씀은 "좌우에 날 선 어떤 검보다도 예리하여 혼과 영과 및 관절과 골수를 찔러 쪼개기까지 합니다." "관절과 골수"는 적절한 번역이지만 실질적으로 그리스어의 의미에는 이르지 못합니다. "관절과 골수"는 그 단어의 부차적인 의미입니다. "관절"로 번역된 단어의 근본 의미는 사물을 결합하는 것, 즉 어떤 사물의 부품들을 적절한 관계로 결속시켜 주는 힘입니다. 골수로 번역된 단어의 근본 의미는 어떤 사물의 핵심에 위치하는 것입니다. 그러므로 히브리서 기자는 하나님의 말씀Word이 우리 존재의 중심에 이른다고 말합니다. 그것은 우리를 하나의 존재로서 결속하고 있는 것 안에 헤치고 들어가며, 우리 존재의 본질을 형성하는 것을 뜻합니다. 히브리서 기자는 계속해서 "또 마음의 생각과 뜻을 판단하나니"라고 말합니다. 이 활력이 있는 말씀(하나님의 본질)이 우리 존재의 중심에서 우리를 만나며, 우리의 존재와 행동의 가장 깊은 구조를 분별합니다.

히브리서 기자는 "지으신 것이 하나도 그 앞에 나타나지 않음이 없고"라고 흥미로운 말을 합니다. 이것은 인간 생활의 선택적인 원동력을 다루는 것이 아닙니다. 하나님의 말씀은 인간 생활 안에 있는 참되고 친밀한 현존입니다. 당신이 이 책을 읽는 까닭은 자신의 삶 속에서 활력 있는 하나님의 말씀이 하나의 선택적인 현존이 아니라는 것을 깨달았기 때문일 수도 있습니다. 당신은 어떤 방식으로든지 그 현존이 당신의 삶에 침투하고 있음을 깨닫기 시작했습니다. 당신은 영적 순례 길에서 자신의 온전함이 그 말씀에 대한 당신의 반응에 달려 있다는 것을 깨닫고 보다 깊고 완전한 응답을 구하는 지점에 도달했습니다.

히브리서 기자는 "만물이 벌거벗은 것같이 드러나느니라"고 한층 더 흥미로운 말을 추가합니다. 그리스어 원어 성경은 한층 더 역동적인 이미지를 전달합니다. "벌거벗은 것같이 드러나느니라"는 경기장에서의 검투 경기와 희생제물을 드리는 제단에서 유래된 단어입니다. 제단에 놓인 제물이 희생되기 직전에 머리가 칼 앞에 놓여있는 모습을 말합니다. 또 검투에서 승리한 자의 칼이 패한 자의 목을 베려는 모습입니다. 히브리서 기자는 하나님의 말씀 앞에서 우리의 자세, 즉 완전하고 절대적이고 무조건적인 취약성의 자세를 암시합니다.

히브리서 기자는 하나님의 말씀에 대한 심오한 말로 마무리합니다. 그 본문은 우리가 "우리의 결산을 받으실 이의 눈앞에" 철저히 취약하다는 것을 알려줍니다. 하나님의 말씀과 우리의 만남이라는 상징에 고통스러운 통찰에 대한 묘사가 가득함에도 불구하고, 하나님의 말씀이 우리의 생명의 중심으로 꿰뚫고 들어간다는 상징에도 불구하고, 하나님의 말씀이 우리 존재의 깊은 차원에서 분별력 있게 우리를 다루신다는 상징에도 불구하고, 살아 있는 말씀의 좌우에 날이 선 칼 앞에서 우리의 절대적이고 완전한 취약성이라는 상징에도 불구하고 히브리서 기자는 그 말씀이 우리를 위한 것이라고 확언합니다. 말씀은 우리의 온전함을 위한 것입니다. 말씀은 우리의 재창조를 위한 것입니다. 말씀은 우리의 멸망을 위한 것이 아니라 변화를 위한 것입니다. 우리의 온전함을 위한 하나님의 뜻에 일치하지 않는 우리 존재의 요소들만 제거되고 교체되고 파괴될 것입니다. 그래야 마땅합니다.

노련한 외과 의사에게 우리의 몸을 맡기려면 그가 문제의 핵심까지 절개하여 우리의 몸에서 육체적인 온전함(건강)과 일치하지 않는 것들을 제거할 것이라고 신뢰해야 합니다. 깊은 의미에서 하나님의 말씀 Word은 자의적으로 수정되고 왜곡되고 비천하게 된 우리의 말word을 정화하고 치유하여 세상에서 하나님이 뜻하신 바대로 공표된 말씀으로 변화시키기 위해서 우리 존재의 중심에 침투하신 하나님의 사랑의 손에 들린 살아 있고 활력 있는 수술칼입니다.

침입하시는 하나님의 말씀

말씀은 하나님과 우리 사이의 중재자이십니다. 하나님과 관련하여 볼 때 말씀은 "우리를 위한" 것이며, 우리와 관련하여서는 "하나님을 위한" 것입니다. 이 이중의 목적은 하나님 말씀의 관입적 본질을 소개해 줍니다. 하나님의 말씀은 삶의 한복판에 침입합니다.

나는 하나님의 말씀을 "인간생활의 한복판에서 이루어지는 하나님의 현존과 목적과 능력의 작용"이라고 정의합니다. 이 일반적인 정의 안에 많은 상세한 항목들을 포함시킬 수 있습니다. 구약성경은 이스라엘의 역사 안에서 이루어진 하나님의 현존과 능력과 목적, 즉 하나님의 목적이 예수님의 삶과 죽음과 부활과 승천 안에 완전히 계시된 이야기들입니다. 신약성경은 초대 교회와 여러 인물들의 삶 속에서 성령을 통해 이루어진 하나님의 현존과 능력과 목적에 대한 이야기들입니다. 우리는 주로 성경을 하나님의 말씀이라고 여기며 인간 실존 안에서 이루어진 하나님의 현존과 능력과 목적의 작용을 가장 완전히 만날 수 있는 곳이 성경이라고 생각하지만, 성경은 하나님 말씀의 작용의 추출물에 불과하며 인간의 삶과 활동을 통해서 보급됩니다.

지금 나는 성경을 고찰하는 환경, 새로운 지각의 틀을 가지고 성경에 접근할 수 있는 환경을 계발하는 데 도움을 주려고 노력하고 있습니다. "영적 독서"spiritual reading라는 주제를 예로 들어 봅니다. 우리는 영적 독서를 우선적으로 성경을 읽는 것이라고 생각하는 경향이 있는데, 이것은 건전한 생각입니다. 그러나 기독교 문학에 대해 조금이라도 알고 있는 사람이라면 기독교 영성의 위대한 사람들의 저술이 영적 독서의 자료가 될 수 있음을 알 것입니다. 시, 소설, 연극 등은 우리의 삶을 관통시키시려는 하나님의 현존과 목적과 능력의 작용을 위한 통로가 될 수 있으므로 영적 독서의 대상이 됩니다. 그 비밀은 영적 독서가 내용보다는 접근 방법과 더 많은 관계를 지닌다는 데 있습니다. 하나님과의 만남을 받아들이려는 마음이 없이 접근한다면 성경이 죽어 생명 없는 것이 될 수 있습니다. 반면에 갈망하여 구하는 사람들은 세속적인 글을 묵상하는 동안에 하나님의 현존과 능력과 목적 속으로 이끌리곤 했습니다.

성경: 하나님의 말씀

하나님의 말씀인 성경에 초점을 두고 지금까지 고찰해온 것들을 종합해 보겠습니다. 첫째, 성경은 인간 역사에 침입intrusion하신 하나님의 말씀에 대한 가장 적절한 기록입니다. 그것은 하나님의 말씀이 인간의 삶에 침입한 중요한 사건이나 일련의 사건들의 기록입니다. 그것은 인간적인 상황 속에서 이루어진 하나님의 현존과 목적과 능력의 작용과 인간의 만남에 대한 묘사입니다. 따라서 성경은 말씀이 인간의 삶과 상황에 침입하여 인간적인 상황의 진리를 계시해주며 흠집이 생긴 말을 하나님이 세상에 존재하도록 공표하신 말로 변화시켜 주시는 방법에 대한 통찰을 제공해 줍니다.

둘째, 성경은 살아 있고 활력 있는 하나님 말씀의 침입에 대한 기록일 뿐만 아니라 인간적인 상함과 온전함의 모체가 되는 말씀의 계시입니다. 그러한 계시로서의 성경은 하나님의 말씀이 최소한 다음과 같은 세 가지 일을 행하는 것으로 묘사합니다. (1) 하나님 말씀의 침입은 상한 인간에게 역점을 둡니다. 그것이 복음입니다. 우리가 어느 정도 온전함에 도달해야만 말씀이 우리에게 말을 거시는 것이 아닙니다. (2) 말씀은 우리의 깨져있는 지점에서 온전함으로 부르십니다. 말씀은 우리에게 말을 거시고 우리를 부르십니다. 주님은 "무릇 내가 사랑하는 자를 책망하여 징계하노니 그러므로 네가 열심을 내라 회개하라 "(계 3:19)고 말씀하십니다. 여기에 하나님과 인간적인 상함의 만남, 그리고 온전함을 향한 제안이 결합되어 있습니다. 성경은 상한 우리에게 역점을 두시고 온전함을 향해 부르시는 말씀의 계시입니다. (3) 성경은 변화의 동인(動因)이신 말씀의 계시입니다.

디모데후서 3장 16-17절이 이러한 원동력들을 명확히 하는 데 도움이 될 것입니다. 바울은 "모든 성경은 하나님의 감동으로 된 것"이라는 매우 당황스러운 표현으로 시작합니다. 우리는 성경, 특히 바울서신을 공부할 때 히브리인들이 여러 가지 의미의 층을 전달하기 위해 언어유희를 즐겨 사용하면서 동시에 하나 이상의 의미를 나타내는 용어들을 사용한다는 사실을 깨닫지 못합니다.

디모데후서 3장 16절 첫 부분에서 바울이 언어유희를 사용하고 있는 듯합니다. 여기에는 성경의 역동적인 감동이라고 생각하고 싶은 것이 포함되어 있습니다. 성경의 기록 안에 하나님의 감동의 원동력이 있을 뿐만 아니라, 우리가 성경을 읽는 데에도 하나님의 감동의 원동력이 있습니다. 성경을 기록한 사람들을 만난 하나님의 말씀은 우리에게도 말을 건넵니다. 웨슬리는 초기 메소디스트들을 가르치면서 성경의 이러한 측면에 주목하여 "우리는 성경을 찾아보기 전에 꾸준히 진지하게 기도해야 합니다. 성경은 그것이 주어질 때에 사용된 성령을 통해서만 이해될 수 있습니다"라고 말합니다.[6] 우리가 영감을 주는 상태에서 하나님께 개방적인 태도를 취할 때, 성경의 창조적인 감동이 우리의 삶에서 하나님의 생산적인 감동이 됩니다. 우리는 성경의 감동의 고유한 부분이 됩니다.

오늘날 영감의 이해에 양극성이 존재하는 경향이 있습니다. 보수적인 신자들은 성경이 영감된 하나님의 말씀이며 성경의 기록과 관련하여 영감을 지닌다고 생각합니다. 그리 보수적이지 않은 신자들은 영감이 각각의 독자들에게 발생하는 것으로 생각합니다. 그들은 사람이 성경에 의해서 영감을 받을 수 있고 힌두교나 이슬람교의 경전에 의해서도 영감을 받을 수 있다고 주장합니다. 그러나 기독교 전통에서는 하나의 영감을 이루는 두 쪽의 원동력을 결합합니다. 성경 기자의 영감과 읽는 자의 영감은 하나를 구성하는 두 부분입니다. 둘 중 하나를 잃는 것은 성경을 듣는 것 중에서 하나님의 살아 있고 통찰력 있고 변화시키는 말씀의 많은 부분을 여과하여 제거하는 것입니다. 우리는 결국 두 가지 중 하나를 행하게 될 것입니다. 독창성이 없이 성경을 숭배하거나 비판적으로 평가하며 성경의 토막 기사에서 우리를 감화해 주는 것들을 골라낼 것입니다. 두 가지 모두 성경적 온전함에 치명적입니다. 영감을 주는 상태를 이루는 두 부분을 결합해야 할 필요가 있습니다.

바울은 디모데후서 3장 16절에서 "모든 성경은 하나님의 감동으로 된 것"이라고 표현하면서 두 부분을 결합합니다. 그의 언어유희는 "하나님의 감동"—성경을 존재하게 한 하나님의 감동과 성경을 읽을 때 하나님이 우리를 감화하시는 것—의 가능성을 지적합니다. 우리의 삶에서 역사하시는 하나님의 성령이 우리로 하여금 본문과 교제하게 하실 때 하나님의 말씀은 하나님이 우리로 세상에 존재하도록 공표하신 말을 형성하기 시작합니다. 이러한 관점에서 성경을 받아들이기 시작할 때 우리는 성경 안에서 성육하신 말씀이 하시는 말을 받아들입니다.

바울의 말에 의하면 성경이 이처럼 역동적인 이중의 방식으로 감화될 때, 성경이 살아 있고 활력이 있고 통찰력이 있는 하나님의 말씀과의 만남이 될 때 네 가지 일이 발생합니다. 첫째, 살아 있는 말씀과의 만남은 "교훈"에 유익합니다. 바울과 신약성경 기자들은 "교훈"(단수형)과 "교훈들"(복수형)을 구분합니다. 신약성경에서 복수형은 인간이나 귀신들의 활동과 관련하여 사용됩니다.[7] 단수형은 하나님이 예수 그리스도를 통해서 행하셨고 행하고 계시는 것에 대한 좋은 소식의 선포와 관련이 있습니다. 따라서 살아 있는 하나님의 말씀과의 만남은 그리스도 안에 있는 새 생명의 실체가 우리의 삶에 침입하는 것입니다. 근본적으로 새로운 존재 방식의 가능성이 우리에게 계시됩니다.

둘째, 하나님의 감동으로 된 성경은 "책망"에 유익합니다. 여기에서 우리는 존재의 중심까지 관통하여 우리 마음의 생각과 의도를 분별하며 우리의 상한 지점에서 우리에게 말을 건네시는 살아 있는 말씀과의 만남을 봅니다. 성경은 우리의 "말"word의 비천해진 본질을 선명하게 드러내 줍니다. 우리는 자신의 현재의 모습과 하나님이 공표하시면서 의도하신 존재의 차이점을 보기 시작합니다.

셋째, 하나님의 감동으로 된 성경은 "바르게 함"에 유익합니다. "바르게 함"이라는 표현은 헬라어 원어의 의미를 제대로 표현하지 못합니다. 헬라어 원어는 어떤 것을 곧게 만들거나 정렬하거나 완전하게 하는 것을 의미합니다. 여기에서 우리는 말씀word이 "우리를 위해" 존재하는 방식을 깨닫기 시작합니다. 살아 있는 말씀이 우리에게 완전히 새로운 존재 방식의 가능성을 제공해주며, 우리 안에 그러한 존재 방식과 일치하지 않는 것들을 드러내 줄 뿐만 아니라 하나님이 우리의 삶을 그리스도 안에 있는 새로운 존재 방식에 속한 완전함으로 인도하시는 데 사용되는 통로인 순종의 기회를 제공해 줍니다.

넷째, 하나님의 감동으로 된 성경은 "의로 교육"하기에 유익합니다. "교육"을 의미하는 헬라어 *paideia*는 함축적인 단어이며, pedagogy(교육학)라는 단어는 거기서 유래된 것입니다. 신약시대의 헬레니즘 문화에서 *paideia*는 유아를 양육하고 교육하고 훈련하고 징계하고 인도하고 지도하는 복합적인 과정이었습니다. 따라서 어린이는 유아기부터 도시국가—인간 실존에 의미와 목적과 가치를 주는 사회적·경제적·정치적·문화적 모체—의 시민으로 참여하면서 장성한 사람이 됩니다. 바울 및 다른 신약성경 기자들은 하나님 백성의 삶에서의 하나님의 역사에 대해 언급하는 데 이 용어를 사용했습니다. 앞에서 살아 있는 하나님의 말씀이 우리의 연약한 상태에게 말을 건네시며, 우리를 온전함으로 부르시며, 변화의 동인이 되신다고 말한 바 있습니다. 여기에서 바울이 말하는 것은 마지막 활동입니다. 이것은 우리의 삶이 말씀에 의해 날마다 꾸준히 양육되어 존재의 내적 원동력들 안에서 우리가 형성되는 것입니다.

바울은 이러한 형성의 목적을 지적함으로써 우리의 삶에서의 살아 있고 활력 있는 하나님 말씀의 역할에 대해 "이는 하나님의 사람으로 온전하게 하며"(딤후 3:17)라는 표현으로 마무리합니다. 여기에서 사용된 헬라어 artios는 "어떤 것의 본질에 완벽하게 적합한 것"을 의미합니다. 과일 바구니에서 완벽한 사과라고 생각되는 것을 발견하면 그것을 artios라고 합니다. 그것은 모든 면에서 사과의 특징을 갖추고 있을 것이며 "사과 됨"의 본질을 소유합니다. 이것이 말씀에 의해 형성되는 우리 존재의 목표를 표현하는 데 사용한 용어입니다. 살아 있는 말씀에 의한 영성 형성의 목적은 우리로 하여금 그리스도의 형상 안에 있도록 하나님이 공표하신 존재로 양육하는 데 있습니다. 그러나 바울은 말씀에 의한 영성 형성의 목표를 우리가 하나님의 형상 안에 있는 본성에 완벽하게 적합해질 뿐만 아니라, 하나님의 사람이 "모든 선한 일을 행할 능력을 갖추게 되는"(딤후 3:17) 것이라고 말합니다. 바울은 우리의 속사람 안에서 우리의 말word이 하나님의 말씀Word에 의해 형성될 때 세상에서의 삶도 동일한 말씀Word에 따라 형성될 것이라고 말합니다. 우리의 말word은 다른 사람들의 삶 속에 존재하도록 하나님이 공표하신 말이 될 것입니다. 우리는 점차 세상의 삶 안에 공표된 하나님의 말이 될 것입니다.

지금까지 하나님의 다양한 말에 대해 고찰하면서 우리가 하나님이 세상에 존재하도록 공표하신 "말"word이라는 것을 깨달음으로써 지각의 틀을 확장하려 해 왔습니다. 우리는 하나님이 존재하도록 공표하신 "말"의 형성에 있어서 말씀Word의 역할의 윤곽을 묘사함으로써 하나님의 말씀인 성경에 대한 인식을 확대하려고 노력해 왔습니다.

이 장을 읽으면서 하나님께 마음을 열어놓았기를 바랍니다. 당신은 무엇을 느꼈습니까? 이 장에서 제시되는 사상에 어떻게 반응했습니까? 그렇게 반응한 이유는 무엇입니까? 그 반응이 자신에 대해 무엇인가를 드러내 줍니까? 하나님과 당신의 관계에 대한 것을 드러내 줍니까? 하나님이 당신에게 말을 거신 때가 있었습니까? 당신의 지각의 틀이 변화되었습니까? 어떻게 변화되었으며, 그 이유는 무엇입니까? 하나님과의 관계에 있어서 당신의 존재에 대한 인식은 어떤 것입니까? 하나님의 말씀인 성경을 어떻게 이해합니까?

지각의 틀을 다시 정리하는 다음 단계로 넘어가기 전에 시간을 갖고 이러한 문제들에 대해 묵상하십시오.

제5장

정보와 영성 형성

당신의 삶에 하나님의 목적이 충만하기를 구하면서 자신을 하나님께 개방하는 기도로 이 장을 시작하시기를 바랍니다.

하나님, 이 장을 함께 공부하는 이 시간이 하나님의 현존과 목적과 능력의 깊은 상황 안에 있음을 기뻐합니다. 우리는 하나님이 하시려는 모든 일을 기꺼이 받아들이려 합니다. 존재의 깊은 차원에서 우리를 열어 주시어 우리로 하여금 하나님의 은혜가 우리의 삶에 접촉하는 것을 깨닫게 하시며, 하나님이 하려 하시는 모든 것을 받아들이고 응답할 수 있게 해 주십시오. 아멘.

첫째 요점—우리가 하나님에 의해 세상에 존재하도록 공표된 말씀이라는 인식—을 전개하면서 영성 형성 과정에서 성경에 접근하는 방식에 대한 새로운 관점이 필요하다는 것을 인식했을 것입니다. 우리의 지각의 틀의 변화와 관련하여 다루고자 하는 두 번째 요점은 성경에 대한 정보를 얻기 위한informational 접근 방법과 영성 형성적 formational인 접근 방법의 차이입니다.

정보 습득적-기능적 문화

엘레드 스콰이어Aelred Squire는 『거룩한 독서』Holy Reading라는 책의 "교부들에게 질문함"이라는 장에서 성 티에리의 윌리엄St. William of Thierry의 말을 인용합니다.

"우리는 성경이 기록되었을 때와 동일한 정신으로 성경을 읽어야 하며 동일한 정신으로 이해해야 한다. 주의를 집중하여 바울의 글을 읽고 깊이 숙고함으로써 그의 정신을 받아들이지 않고서는 결코 바울을 이해할 수 없을 것이다. 실제의 경험에 의해서 시편이 말하는 것을 깨닫지 않고서는 다윗을 이해할 수 없을 것이다. 성경의 다른 책들의 경우도 동일하다. 단순히 읽는 것과 주의를 집중하는 것의 차이는 우정과 환대, 또는 우정과 의례적인 인사의 차이와 같다."

스콰이어는 덧붙여서 다음과 같이 말합니다.

"그러한 구절은 현대의 많은 독서 습관들, 그리고 연구라고 간주되는 것들에 대한 통렬한 비평이다. 만일 오늘날 우리가 전통적인 의미에서의 '거룩한 독서'를 해야 한다면 의식적인 선택 및 집중하는 습관의 발달만이 정신의 산만함을 바로잡아 우리가 보고 듣는 것이 육성되어야 할 것임을 깨닫게 해 준다. 티에리의 윌리엄이 지적하듯이 무엇을 읽느냐보다 어떻게 읽느냐가 더 중요하다."[8]

이것이 하나의 자료에 대한 정보 습득적 접근 방법과 형성적 접근 방법의 차이점입니다.

인간 문화는 정보 습득적인 존재 방식과 행동 방식에 의해 형성됩니다. 정보 습득적인 방식은 인간 문화의 "기능적" 태도 결정의 필수적인 부분입니다. 우리의 문화는 그 세계의 기능적인 통제를 증진하기 위해서 보다 많은 정보—새로운 사실, 새로운 지식, 새로운 기법, 새로운 방법, 새로운 체계, 새로운 프로그램 등—를 추구합니다. 인터넷 정보의 기하급수적인 증가는 인간 문화의 정보 습득적인 욕구를 예증해 줍니다. 지식, 정보, 기법, 방법, 체계 등을 습득하는 것은 존재의 질을 변화시키는 데 기여하기보다 세상을 우리가 정한 한도에 맞추어 변화시키기 위해서 우리의 기능 능력을 증진하거나 강화하려는 기본적인 목적을 위한 것입니다. 가장 많은 정보와 가장 훌륭한 정보를 가진 개인이나 집단은 세상에서 자신이 속한 부분을 통제할 수 있는 위치에 놓입니다. 따라서 인간 문화의 정보 습득적인 방식은 기능적인 방식과 짝을 이룹니다.

이러한 정보 습득적-기능적인 원동력이 인간 문화의 전체 구조 안에 깊이 자리 잡고 있기 때문에 우리가 책을 펼칠 때마다 자동적으로 작용하는 구속력이 있고 맹목적인 자각 작용들 중 하나가 됩니다.

정보 습득적 독서의 본질

정보 습득적 독서의 몇 가지 특징을 들면 다음과 같습니다.

첫째, 정보 습득적 독서는 신속하게 알맹이와 쭉정이를 분리하고 해야 할 것을 행하는 데 필요한 정보를 얻기 위해서 되도록 빨리 많은 양을 읽으려 합니다. 실용 제일주의를 추구하는 현대 문화가 정보 지향적이 되어감과 동시에 다양한 속독 기법들이 등장한 것은 흥미로운 일입니다. 우리는 인터넷 상의 검색 수단을 통해 어떤 주제에 대해서든지 많은 정보를 신속하게 수집할 수 있습니다. 이 정보 습득적 독서의 해로운 면모 중 하나를 짧은 기간에 성경 전체를 읽을 수 있는 프로그램에서 볼 수 있습니다.

둘째, 정보 습득적인 독서는 직선적입니다. 우리는 첫째 요소에서 둘째 요소, 셋째 요소 등을 차례로 거쳐 마지막 요소까지 읽어가며, 독서란 여러 부분을 통과하는 이동 과정이라고 생각합니다.

이러한 형식이 성경 해석에 적용된 예를 제시하겠습니다. 요한계시록을 해석하는 사람들은 대부분 계시록 17-22장이 하나의 심오한 환상의 세 가지 측면으로 간주되어야 한다는 사실을 깨닫지 못합니다.

대부분의 주석가들은 계시록 17장 1절부터 19장 10절까지, 즉 큰 음녀타락한 바벨론의 환상이 계시록 19장 11절부터 21장 8절까지에 기록된 바 그리스도 안에 있는 하나님의 큰 심판에 대한 환상보다 선행하며, 계시록 21장 9절부터 22장 9절까지에 기록된 어린 양의 신부새 예루살렘의 환상이 그 뒤를 따른다고 가정합니다. 두 여인의 환상들을 도입하는 요소들(계 17:1-3; 21:9-10)과 종결하는 요소들(계 19:9-10; 22:6-9)은 이 두 가지 환상이 심판의 환상에 의해 결합된 바 같은 목적을 지닌 환상들로 이해되어야 함을 보여줍니다. 요한이 경배하지 말라는 명령을 받은 후에(계 19:10) 두 번째로 천사를 경배하기 위해 엎드린 것이(계 22:8) 계시록에 마지막으로 기록된 이 환상들의 복합체를 이해하기 위한 단서를 제공합니다. 요한이 거듭 천사를 경배한 것은 반복된 행동이 아니라 동일한 사건이었습니다.

 요한이 본 환상은 예수 그리스도 안에서 이루어지는 하나님의 심판의 심오한 결과들에 대한 통전적인 계시입니다. 그리스도 안에서 하나님의 심판 때에 타락한 바벨론, 즉 하나님을 배반한 질서 전체가 폐지되고, 그리스도 안에 있는 새로운 존재 질서인 새 예루살렘이 영원히 세워집니다. 계시록에는 이외에도 많은 예가 있지만 이것만으로도 직선적인 독서가 한 구절이 지닌 보다 깊은 내용들을 간과한다는 것이 충분히 증명됩니다.

 셋째, 정보 습득적인 독서는 본문을 지배하려 합니다. 우리는 본문을 포착하여 우리의 정신으로 그것을 에워싸려 합니다. 우리는 그것을 자신의 통제 아래 둡니다. 그렇게 행한 후에 자신의 통제(해석)를 정당화하고 그것을 다른 통제(해석들)로부터 방어하려 합니다. 따라서 우리는 세상에 우리의 일정을 부과하기 위해서 정보를 사용할 수 있게 됩니다.

넷째, 정보 습득적 독서의 특징은 우리가 읽는 본문이 우리가 자신의 목적이나 의도나 소원에 따라서 통제하거나 조종하는 대상이라는 점입니다. 우리는 본문으로부터 물러서서 어느 정도의 거리를 유지합니다. 이것이 우리의 전체 학습 과정과 지각의 틀—우리가 주체이며 다른 모든 대상은 우리가 선택하여 통제하기 위한 것이라는 억측—에 스며 있는 정보 습득적 방식의 초점이 되는 부분입니다.

다섯째, 정보 습득적 독서는 분석적이고 비판적이고 판단적입니다. 이것은 전체를 이해하기 위해 한 걸음 뒤로 물러서서 우리가 읽고 있는 것을 자신의 지각과 욕망과 소원과 욕구라는 필터를 통해 여과한 데 따른 결과입니다. 우리가 읽는 모든 것은 우리의 거짓 자아—자체의 형상에 따라서 세상을 형성하려 하는 자기 중심의 생활 구조—의 강화를 위해 평가됩니다. 여기에서 제2장에서 살펴본 인식적·이성적·지적인 접근 방법이 적용됩니다. 이 말을 오해하지 않기를 바랍니다. 이것은 정보 습득적인 독서가 본질적으로 잘못된 것이라는 말이 아닙니다. 그것도 나름의 장점이 있지만 우리의 문화적인 견해들이 우리 안에 새겨놓은 것만큼 중요한 위치를 점유하지 못합니다.

여섯째, 정보 습득적 독서의 특징은 문제 해결형 정신 구조인데, 이것은 기능적인 존재 방식으로 귀환합니다. 우리는 제대로 작동하지 않는 기계에 대한 설명서를 읽거나, 자신의 영성생활 중 제대로 작용하지 않는 부분의 변화를 일으키기 위해서 영적 지침서를 읽거나, 자신에게 유익하게 작용할 것을 찾아내기 위해서 독서하는 경향이 있습니다.

우리에게는 정보를 얻기 위해서 독서하는 뿌리 깊은 경향이 있습니다. 이러한 독서 방식은 무의식적인 활동입니다. 우리는 과거의 정보 습득적인 원동력을 가지고서 이 책을 훑어가면서 되도록 빨리 읽으려 하며, 본문을 통달하고 자신의 지배 아래 두고 자신의 계획에 맞는지 분석하며, 자신의 영성생활에서 원하는 것을 행하는 데 이용할 수 있는지를 결정하려 할 것입니다. 만일 그렇다면 하나님이 말씀하실 수 있는 공간인 침묵은 어디에 있습니까? 하나님의 말씀Word이 어디에서 말word인 나에게 말을 거실 수 있습니까? 정보 습득적 독서 방식은 거짓 자아—하나님이 우리로 하여금 세상에 존재하도록 공표하시는 말을 멋대로 고치는 낡은 지각의 틀의 지배를 받는 자아—를 유지하려는 경향을 지닙니다.

정보 습득을 위한 성경 읽기

하나님과의 변화시키는 만남을 받아들이게 해 주는 방식으로 성경을 읽으려면 성경에 대한 선입견을 버려야 합니다. 우리는 흔히 자신의 거짓 자아—우리의 왜곡된 "말"—를 위협하지 않고 우리의 통제 아래 안전하게 보존해 주는 바 성경에 대한 일련의 선입견 안에 우리를 자리 잡게 해 주는 종교적 개념, 또는 문화적 개념들을 발달시켜 왔습니다. 이러한 방식으로 자리 잡는 것이 정보 습득적인 방식입니다. 우리는 선입견 안에 자리 잡은 상태에서 우리의 지위를 지원하거나 우리의 거짓 자아에게 불편한 것을 교묘히 설명하여 발뺌하기 위한 도움을 얻기 위해서 성경을 읽으려 합니다. 이것이 정보 습득적 방식의 분석적이고 문제 해결형의 힘입니다. 본문은 통제되고 조종되어야 할 대상으로 간주됩니다. 본문은 우리가 통제하는 대상이며, 통제의 기초는 우리가 본문을 대할 때 지니고 있는 일련의 선입견들입니다. 이 선입견들이 종교적인 전제들이거나 문화적인 전제들이거나 상관없이 본문은 우리가 조종해야 할 대상입니다.

거짓 자아는 "종교적인" 것이 될 때 가장 좋지 못한 형태가 됩니다. 종교적인 거짓 자아의 주된 특성은 의식적으로 성경을 조종하거나, 변화시키는 하나님과의 만남을 무의식적으로 피하는 것입니다. 종교적인 거짓 자아는 하나님의 조건이 아닌 자신의 조건에 따라 하나님과의 관계를 원합니다. 정보 습득적 독서 방법이 이처럼 성경을 조종하려는 태도를 촉진합니다. 우리는 종종 하나님과의 변화시켜 주는 만남을 기대하지 않으며, 세상에서 우리가 사는 방법에 도전하지 않고서 기독교 신앙에 대한 우리의 자기 보호적인 이해를 강화해줄 정보를 구합니다.

기본적으로 성경에 대한 정보 습득적인 접근 방법의 교정책은 그 안에서 하나님과의 진지한 개인적 관계를 받아들이는 것입니다. 그러한 관계는 종교적인 개념이나 신학적인 개념들에 대한 지적인 동의를 능가합니다. 거짓 자아로 하여금 하나님과의 변화시켜 주는 만남을 경험하게 하는 것은 위험한 일입니다. 우리는 정보 습득적인 방식의 독서에서 추상적인 개념화에 정신적으로 동의하지만 적어도 자신이 읽고 있는 것에 개인적으로 친밀하게 수용적으로 개입하지 않습니다. 그러한 만남은 대단히 위험하고 위협적입니다. 성경이 살아 있고 활력 있는 하나님의 말씀이 되어 우리의 가치가 저하된 "말"의 중심으로 관통해 들어가는 것을 허락하는 것은 어려운 일입니다. 그보다는 성경을 우리의 거짓 자아의 통제 아래 가져오는 것, 기독교적 삶에 대한 우리의 정의에 맞추어 그것의 범위를 좁히는 것, 그리고 모든 도전, 심지어 하나님의 도전에 맞서 우리의 거짓 자아를 옹호하기 위해 그것을 사용하는 편이 훨씬 더 쉽습니다. 여기에 성경이 우리의 주의 집중과 통제의 대상이 되는 정보 습득적 접근 방법의 해로운 결과가 있습니다.

영성 형성적 독서

이제 또 다른 독서 방법에 대해 살펴보겠습니다. 우리는 지금까지 정보 습득적 독서 방법에 대해 이야기한 것에 비추어 형성적인 독서 방법이 독서와 연구를 향한 정상적인 태도 설정의 근본적인 대안이라는 생각을 하게 되었습니다. 형성을 위한 독서와 정보를 위한 독서의 균형을 이루는 특징을 몇 가지 살펴보겠습니다.

첫째, 정보를 얻기 위한 독서와는 달리 형성적 독서의 목적은 가능한 한 신속하게 많은 것을 다루는 것이 아닙니다. 형성을 위한 독서는 어떤 방식으로든지 독서의 분량을 재는 일을 피합니다. 독서의 양이 아니라 질에 관심을 둡니다. 우리는 자신이 하나의 문장이나 문단에서 대기 상태에 머물고 있음을 발견할 수도 있습니다. 우리는 책을 통독하는 데 관심을 두지 않습니다. 그러므로 책을 통독하는 데 1년, 2년 또는 5년이 걸려도 상관하지 않습니다. 중요한 것은 책을 통독하는 것이 아니라 본문 안에서 하나님을 만나는 것입니다.

지금 당신의 내면에서 무엇인가 불평하는 것이 있을 수 있습니다. 당신은 "그것은 독서가 아니다. 나는 이 책을 읽기 시작하여 통독했다"라고 속으로 말할지도 모릅니다. 앞으로 몇 쪽을 더 읽어야 할지 알려고 책장을 손가락으로 훌훌 넘기고 있는 자신을 발견합니까? 그것은 정보 습득적 독서의 증세입니다. 또는 읽다가 멈추어 다시 앞의 내용을 숙고하며, 한 단락이나 한 장 전체를 다시 읽으면서 "그것 봐. 이 부분에서 무엇인가를 파악하지 못했어. 여기에 보다 깊은 의미가 있으니 천천히 읽으면서 그것에 관해 묵상해야겠어"라고 말하는 자신을 발견할 것입니다. 이것은 당신이 형성적 독서로 이동하기 시작했음을 보여줍니다.

둘째, 정보 습득적 독서는 본문의 표면을 신속하게 훑으려 하는 직선적인 방식이지만, 형성적인 독서는 면밀한 방식입니다. 우리는 본문이 보다 깊은 내용, 복합적인 의미의 층들을 우리에게 개방하는 것을 허락하려 합니다. 동시에 본문이 우리 존재의 심층 차원들을 탐색하여 자신의 흠이 있는 "말"word의 깊은 측면들을 드러내며 거짓 자아의 기초를 흔들어 놓는 것을 허락하려 합니다. 우리는 황급히 다음 문장이나 문단이나 장으로 이동하기보다 본문 안으로 점점 더 깊이 들어가려 합니다. 본문이 우리의 삶에 침입하는 하나님의 말씀이 되어 우리에게 말을 건네고 존재의 보다 깊은 차원에서 우리를 만나는 것을 허락하려 합니다. 만일 우리가 어떤 본문과 함께 이러한 시간을 보내지 않는다면 그 본문 안에서 말씀이 우리를 만나실 수 없습니다. 본문을 통해서 하나님의 말씀이 우리를 형성할 수 없습니다.

만일 사람들이 당신에게 오는 것을 보고 말을 하면서 그들을 향해 걸어가서 악수하고 계속 혼자서만 이야기를 한다면, 개인적인 관계에 어떤 일이 발생할까요? 당신은 그들에게 말할 기회를 주었습니까? 이것이 우리가 어떤 독서 자료와 관련하여 행하려는 것입니다. 우리가 책을 읽기 시작하면 우리의 정신은 즉시 그 본문의 특징을 파악하기 시작합니다. 우리는 본문을 읽으면서 계속 본문에게 우리에게 말해 주기를 원하는 것을 말하라고 요구합니다. 읽기를 마친 후에는 "대단한 책이었어"라거나 "지독한 책이었어"라고 말합니다. 그러나 실질적으로 그 책에게는 우리에게 말을 건넬 기회를 한 번도 제공하지 않았습니다.

셋째, 정보 습득적으로 독서하는 사람은 본문을 통제하고 지배하려 합니다. 당신은 이미 형성적 독서에서 세 번째 요점이 무엇인지 알고 있을 것입니다. 그것은 본문이 자신을 지배하는 것을 허락하는 것입니다. 즉 성경을 읽을 때 본문의 주인이 되기보다 말씀을 듣고 받아들이고 응답하고 말씀의 종이 되려는 태도로 본문에 임하는 것을 의미합니다. 이러한 개방적인 태도는 거짓 자아 및 자신의 목적을 위해 본문을 지배하려는 상습적인 유혹에서 벗어날 것을 필요로 합니다.

넷째, 본문은 우리가 자신의 통찰과 목적에 따라 지배하고 조종해야 할 대상이 아닙니다. 읽는 관계의 주체가 본문이 됩니다. 다시 말해서 우리는 본문에 의해 형성되는 대상입니다. 성경을 읽을 때 우리는 본문 뒤에 서서 본문이 말해주기를 기다리며, 말씀Word이 우리 말

word을 지배해 주기를 기다립니다. 이런 까닭에 형성적 독서는 읽는 분량으로 측정할 수 없습니다. 그것은 본문 뒤에서 기다릴 것을 요구합니다. 본문이 말하는 것을 들으려면 시간을 가지고 본문을 대해야 합니다.

나의 개인적인 경험을 이야기해 보겠습니다. 나는 영적인 성경 읽기의 지침으로 성구집을 사용해 왔습니다. 나는 구약성경의 출애굽 사건을 다루면서 일련의 재앙에 묘사된 바 하나님과 바로의 싸움에 대한 부분을 읽고 있었습니다. 나는 그 부분을 여러 번 읽고 공부했지만 불행히도 정보 습득적인 방식으로 그 부분을 읽어 왔습니다.

그러나 이번에는 매일 성구집에 정해진 부분을 읽고 그 앞에 앉아서 "하나님, 이 말씀을 통해서 나에게 무엇을 말씀하려 하십니까? 나에게 주시는 하나님의 말씀은 무엇입니까?"라고 묻곤 했습니다. 나의 머리속에 모세가 한 말, 바로가 한 말, 바로의 저항, 하나님이 바로의 마음을 완악하게 만드신 것 등 온갖 생각들이 지나갔습니다. 나는 그 이야기의 내용을 상세히 알고 있었지만 실제로 거기서 얻는 것이 아무것도 없었습니다. "하나님으로부터 오는 말씀"이 없는 것 같았습니다.

성구집과 관련하여 중요한 것은 만일 우리가 성구집 사용을 하나의 영성 훈련으로 여긴다면 그 이상으로 발전할 수 없다는 것입니다. 우리는 계속 이동하여 자신에게 호소하거나 말을 건네는 부분에 이를 수 없습니다. 우리는 성구집에 배정된 부분을 계속 읽어야 합니다. 어쨌든 나는 한 주일 이상 출애굽 사건과 씨름하고 있었습니다. 성구집에는 열 가지 재앙을 날마다 차례로 읽도록 정해져 있었습니다. 나는 날마다 정해진 부분을 읽다가 멈추고 "하나님, 이 구절에서 나에게 무슨 말씀을 하시렵니까?"라고 물었습니다. 그러나 날마다 나는 침묵—오히려 그 구절에 대한 나 자신의 이해의 소음—에 직면했을 뿐입니다.

어느 날 아침 성구집에 정해진 대로 열 가지 재앙 중 마지막 부분을 읽으면서 또다시 "하나님, 이 구절에서 나에게 무슨 말씀을 하시렵니까?"라고 물었습니다. 이번에는 응답이 왔습니다.

"너는 바로다!"

"내가 바로라니요? 모세나 히브리인들 중 하나가 아니라 바로라고요? 종이나 노예가 아닐까요? 십장이 아닐까요?"

"너는 바로다."

그 순간 그 말씀과 더불어 본문과 내 안에서 모든 것이 활짝 열리기 시작했습니다. 나는 내가 하나님에 의해 공표된 말이라는 것, 그리고 하나님이 나의 "말"word 안에 있는 어떤 특징들을 공표하셨다는 것을 깨닫기 시작했습니다. 하나님은 나에게 어떤 은사들과 능력과 특징들, 인격적인 자질을 부여해 주셨습니다. 또 하나님은 내 삶의 다양한 경험들 안에 적극적으로 현존하심으로써 나의 "말"을 형성해 주셨습니다. 나의 "말"이 지닌 이 모든 원동력들은 하나님의 "자녀들"이었지만, 나는 그것들을 나 자신의 목적과 갈망과 의도와 계획, 심지어 하나님의 일을 행하는 내 방식의 노예로 삼았었습니다. 참으로 내 인생에서 나는 바로였습니다.

이 말씀과 씨름하기 시작했을 때 성구집은 나를 마지막 재앙, 장자들의 죽음으로 이끌었습니다. 나는 인생에서 바로가 되기를 중단하려면 나의 목적을 위해 하나님의 은사를 사용하려는 욕망, 즉 나의 "맏아들"의 죽음이 있어야 한다는 것을 깨닫기 시작했습니다. 만일 그러한 은사들이 내 삶과 사역에서 하나님의 용도를 위해 해방되어야 한다면, 그것들이 하나님이 나로 하여금 세상에 존재하도록 공표하시는 "말"이 되려면 나는 바로가 되기를 중단해야 했습니다. 그리하여 나의 거짓 자아, 바로 같은 자아와의 싸움이 시작되었으며, 지금도 그 싸움은 계속되고 있습니다.

우리가 정보 습득적인 방식이 아닌 형성적 방식으로 성경을 대할 때, 본문을 통해서 말씀Word이 말을 건네는 것을 허락할 때, 본문을 통제하려 하지 않고 본문의 말을 받는 자세를 취할 때 이러한 변화가 발생할 수 있습니다.

다섯째, 정보 습득적인 방식은 분석적이고 비평적이고 판단적인 접근 방법을 사용하지만, 형성적 독서는 겸손하고 초연하고 수용적이고 사랑이 충만한 접근 방법을 요구합니다. 이것은 우리 존재의 내적 자세의 근본적인 재정립을 요구하기 때문에 다소 엄청난 요구입니다. 우리는 독서의 속도를 늦출 수 있습니다. 본문을 보다 깊이 탐구할 수 있습니다. 심지어 우리의 지각이나 내면의 자세의 실질적인 변화가 없이 본문이 우리에게 말을 건넨다고 여기기 시작할 수도 있습니다. 우리는 정보 습득적 방식을 약간 수정한 채 거짓 자아가 계속 지배하는 것을 허락합니다. 그러나 말씀에 대해 진정으로 자신을 개방하고 수용하며, 우리의 비틀린 말을 대면하시는 하나님의 통찰력 있는 말씀 앞에 복종하고, 날카로운 하나님의 칼 앞에서 유순해질 때 단순히 현상을 조정하는 것 이상의 일을 해야 할 필요성에 직면합니다. 여기에서 우리는 보다 깊은 단계의 영성 훈련으로의 부르심을 듣기 시작합니다.[9]

여섯째, 정보 습득적 독서의 특징은 문제 해결을 추구하는 정신 구조입니다. 그와는 달리 형성적 독서의 특징은 신비에 대한 개방입니다. 문제를 해결하려는 정신적 구조 대신, 삶에서 무엇인가 다른 해결책을 찾기 위해서 읽는 대신 우리는 하나님이라고 부르는 신비를 받아들이기 위해 성경을 읽습니다. 우리는 그 신비 앞에 서서 그 신비가 우리에게 말하는 것을 허락합니다. 결국 우리는 문제를 해결하는 엄청난 활력이 그 만남으로부터 솟아나는 것을 발견할 수 있습니다. 그러나 여기에 어려운 부분이 있습니다. 즉 우리는 문제를 해결해 주는 결과를 얻기 위해서 그 만남 속에 들어가는 것이 아닙니다. 이것이 형성적 독서에서 포기하는 주된 부분입니다.

우리는 형성적 독서가 하나님과의 변화시켜 주는 만남이라는 결과를 낳을 때마다 자신의 거짓 자아를 경계해야 합니다. 우리는 아주 미묘한 존재이기 때문에 앞문을 단단히 잠그고 빗장을 질러 놓았지만 과거의 문제 해결을 추구하고, 자기 중심적인 정신 구조가 뒷문이나 창문으로 들어오게 만들 수 있습니다. 정보 습득적인 독서 방법은 매우 방어적이기 때문에 우리는 이러한 만남의 시점에서 자신이 슬며시 정보 습득적인 독서 방식으로 돌아가는 것을 거듭 발견할 것입니다. (우리가 형성적인 방법으로 독서를 하고 있다고 가정하고서) 말씀이 말을 건네기 시작할 때 우리가 우선적으로 나타내는 한 가지 성향은 정보 습득적인 방법으로 돌아가는 것입니다. 정보 습득적인 방법으로 돌아가는 것은 역할의 반전—우리는 다시 지배자가 되고 본문은 우리가 지배할 수 있는 대상이 됨으로써 본문이 우리의 삶에 미치는 영향을 제한하는 것—입니다. 이러한 만남의 시기에, 특히 우리에게 말을 건네시는 말씀이 우리의 영적 상태 중 특별히 고통스러운 지점에서 삶을 관통할 때에 우리는 정보 습득적인 방식으로 돌아가려는 강력한 유혹을 느낄 것입니다.

형성적으로 성경을 읽는 것은 계발할 필요가 있는 훈련입니다. 형성적 독서에는 준비가 필요합니다. 정보 습득적인 독서를 할 때에는 미리 준비할 필요 없이 방에 들어가서 자리에 앉아 책을 펼치고 읽을 수 있습니다. 그러나 형성적인 독서에는 잠잠하고 포기하고 삶을 하나님의 현존 안에 맡기기 위해 집중할 시간이 필요합니다.

우리는 빠르게 움직이는 삶의 마차를 불안하게 통제하면서 광적으로 살아가는 경향이 있습니다. 따라서 우리에게는 속도를 늦추고 통제를 내려놓는 시간이 필요합니다. 형성적 독서를 위한 내적 준비를 갖추기 위해 긴장을 풀 시간이 필요합니다. 이러한 준비 자체도 영적으로 하나의 형성입니다. 형성적인 태도로 본문을 펼칠 수 있는 상태에 도착하는 것이 이미 엄청난 영성 형성입니다. 비록 그 날이나 그 주간, 또는 그 달에 주어진 본문이 아무 말씀도 건네지 않아도, 꾸준히 자신을 준비하고 형성적 독서를 시작하는 훈련은 이미 영적으로 하나의 형성입니다. 그것이 우리 삶의 다른 분야로 흘러 넘쳐 들어가기 시작할 것이며, 우리로 하여금 일상생활의 모든 측면에서 하나님의 뜻에 대해 보다 개방적이고 수용적이 될 수 있게 해줄 것입니다.

정보 습득적 방법과 형성적 방법의 균형과 상호작용

영성 형성에서 성경을 사용할 때 가장 중요한 것은 방법이 아닙니다. 방법이 아닌 성경을 읽는 동기가 중요합니다. 동기가 성경에 대한 접근 방식을 구체화해줄 것입니다. 정보 습득적인 방식과 형성적인 방식은 서로 다른 독서법입니다. 그러나 참된 질문은 "두 가지 방법

중 어떤 것이 더 좋을까?", 또는 "두 가지 방법을 결합한 가장 효과적인 방법은 무엇인가?"가 아니라, "하나님의 신비를 향한 우리의 어떤 태도가 하나님의 신비를 향한 방법인가?"입니다. 만일 우리가 하나님을 받아들이려는 내적 태도를 가지고 정보 습득적 독서에 임한다면, 그 독서는 우리를 형성적인 독서로 인도해줄 것입니다.

지금까지 말한 것을 토대로 하여 정보 습득적인 방식이 "어두운 영역 "dark realm에 속한다고 추론하는 사람이 있을 것입니다. 그것은 내가 의미하려 하는 것이 아닙니다. 나는 차이점을 강조하기 위해서 정보 습득적 독서의 대안을 강조해 왔습니다. 정보 습득적인 방법과 형성적인 방법 사이에는 유익한 상호작용이 존재합니다. 성경 구절이 형성적인 것이 되려면 그 구절에 대한 어떤 수준의 정보, 원래의 문맥에서 본문이 의미하는 것에 대한 어느 정도의 의식, 하나님이 의도된 독자들에게 말씀하고 계시는 것에 대한 의미를 어느 정도 의식이 있어야 합니다. 이것이 정보 습득적인 원동력이며 중요한 것입니다.

그러나 본문이 하나님과의 만남의 경험이 되는 형성적인 차원도 존재합니다. 하나님의 말씀Word이 우리의 말word에게 말씀하시며, 우리가 그 말씀을 듣고 이 만남에 응답하고 말할 때에 경험적으로 우리의 삶 속에 있는 하나님의 현존과 능력을 알기 시작합니다. 본문의 "의미"는 정보에서부터 우리의 일상생활 안에 그 의미가 형성적으로 구체화되는 것으로 옮겨 갑니다.

정보 습득적인 독서 방법과 형성적인 독서 방법 사이에 이와 같은 꾸준한 상호작용이 존재해야 합니다. 그러나 영성 형성에서 정보 습득적인 방법은 성경의 역할의 현관에 불과합니다. 그것은 본문으로 들어가는 지점입니다. 우리의 거짓 자아가 말씀에 의해 형성되는 그리스도의 형상 안에 있는 온전함을 향하게 되려면 현관을 통과한 후에 하나님과의 보다 깊은 만남으로 들어가야 하는데, 그것이 곧 형성적인 접근 방법입니다.

여기에서 균형이 필요합니다. 처음에는 정보 습득적인 원동력을 가지고 시작하지만 형성적 독서 방법으로 이동해야 합니다. 살아 계신 하나님의 말씀이 제멋대로 수정된 우리의 "말" 안에 침입하는 것을 받아들이고 용납해야 합니다. 우리로 하여금 세상에 존재하도록 공표하시는 하나님의 말씀에 응답해야 합니다. 처음에는 형성적인 원동력을 가지고 시작하지만 종종 자신이 정보와 관련된 점에서 잘못을 범할 수 있습니다. 때로 순간적으로 뒤로 물러나서 정보 습득적으로 본문을 다룬 후에 형성적인 방식으로 복귀해야 할 필요가 있을 것입니다. 성경을 다루는 이 두 가지 방법 사이에는 근본적인 상호작용이 있습니다. 그러나 영성 형성에서 발휘하는 성경의 역할에 관한 한 궁극적으로 본문에 접근하는 형성적인 방법의 절제된 발달에 도달해야 합니다. 형성적인 방법을 취할 때 우리 존재의 내적 자세의 변화가 발생하며, 그 방법 안에서만 우리는 듣는 자가 될 수 있습니다. 그 방법을 사용할 때에만 우리는 살아 있는 하나님 말씀의 말을 듣고 응답할 수 있습니다.

한 가지 방법에서 다른 방법으로, 특히 정보 습득적인 방법에서 형성적인 방법으로 이동하는 것은 어려운 일이 될 것입니다. 정보 습득적인 방법이나 형성적인 방법 모두 사용하지 않으려는 유혹이 생깁니다. 정보 습득적인 원동력, 성경 연구에 관한 비평적인 방법들 전체를 진보적이거나 인문주의적이며 성경과 무관한 것으로 간주하는 사람들이 있습니다. 그런 사람들은 형성적인 차원에서만 본문에 임하려 합니다. 어떤 사람들은 형성적인 원동력을 근본주의나 주관주의, 또는 경건주의로 간주하며 정보 습득적인 차원에서만 본문에 접근하려 합니다. 그러나 두 가지 원동력 모두가 필요합니다. 하나님은 우리에게 정신과 마음을 다하여 사랑하기를 요구하십니다. 정보 습득적인 면은 주로 정신과 관계됩니다. 그것은 주로 우리의 마음과 관련이 있는 형성적 측면과 균형을 이루어야 합니다.

애드리안 밴 캄Adrian van Kaam은 이 장에서 우리가 고찰한 것의 핵심을 다음과 같이 진술합니다.

"내가 성경을 읽음으로써 자아 형성을 발견하려면 본문이 나에 대해 내게 말해줄 수도 있는 것을 유순하게 받아들여야 한다. 즉 형성적 독서가 나에게 보물을 양도해 줄 때까지 형성적 독서를 시행해야 한다. 형성적 독서는 성경이 나에게 내뿜어줄 수 있는 형성적인 통찰에 비추어 현재의 나 자신을 기꺼이 변화시키려는 태도를 함축한다. 형성적인 말씀에는 나를 변화시켜 주는 능력이 있다. 그것은 그리스도 안에 있는 새로운 자아를 일으킬 수 있으며, 내 삶의 모든 차원에 스며든다. 형성적인 말씀은 나를 이기적인 자아의 자극들 너머로 들어 올려 나로 하여금 영원한 말씀 안에 있는 은혜 받은 생명의 형태를 발견하게 해줄 수 있다."[10]

형성적인 독서 방법은 우리의 낡은 지각의 틀을 파괴할 뿐만 아니라 성경에 대한 새로운 관점을 요구합니다.

제6장
성경의 성상학적 본질

의미와 관련된 문제

지금까지는 성경해석학적인 노력, 즉 하나의 본문 특히 성경에서 의미를 끌어내는 과정을 고찰해 왔습니다.

성경해석학적 노력의 배후에는 우리 문화의 정보 습득적 원동력에서 발달해 나온 가정에 뿌리를 둔 위험이 놓여 있습니다. 그것은 의미가 주로 인간 실존의 지적 차원에서 전달된다는 가정입니다. 이 가정에서는 우리가 신약성경 기자의 지적 영역과 현대 해석자들의 지적 영역을 합병할 수 있으면 의미가 전달될 수 있다고 믿습니다. 우리가 하나의 지적 차원, 정보 습득적인 차원에서만 이해가 전달된다는 이러한 인식을 채택한다면 우리가 스스로 참조하여 채택한 요소들이 우리의 이해를 평가하는 유일한 요소가 될 것입니다. 이런 까닭에 성경이 현대의 철학적인 가정들에 비추어 해석되는 경향이 있습니다. 본문에 대한 지적이고 이성적인 통제를 유지하려면 본문에 우리 자신의 세계관을 적용하기만 하면 됩니다.

이러한 경향에 대한 반작용으로 어떤 성경학자들은 이해의 정서적 affective 차원을 강조해 왔습니다. 그들은 "만일 우리가 신약시대 교회가 소유했던 것과 동일한 경험이라고 여기는 것을 소유할 수 있다면 자동적으로 그들이 전달하는 것을 이해할 수 있을 것이다"라고 말합니다. 이러한 가정은 성경 해석의 표준들이 되는 다양한 종교적 경험들을 낳습니다.

웨슬리 전통은 이 지적인 것과 정서적인 것 사이의 틈을 채워줄 수 있는 원동력을 제공합니다. 그것은 지식과 경건을 결합하려는 웨슬리의 평생의 목적 안에서 발견됩니다. 웨슬리는 기독교인들이 극단적인 지성주의나 무모한 열광주의에 빠지지 않으려면 인간 실존의 지적인 차원과 정서적인 차원이 결합되어 상호 의존해야 한다는 것을 깨달았습니다.

이처럼 지적인 차원과 정서적인 차원의 결합이 성경을 읽는 것과 어떻게 연관됩니까? 성경 기자들은 하나님과의 경험, 말씀과의 만남 및 말씀이 그들의 삶에 침입하는 것 등을 표현하기 위해서 지각적인 범위 안에서 지적인 표상들을 사용했습니다. 그들이 사용한 표상들은 살아 계신 말씀과의 정서적 관계를 지적으로 묘사하는 것들입니다. 그것들은 "절대적으로 필요한 경건"에 대한 "지식"입니다. 신약성경 기자들이 사용한 표상들(단어나 구들)은 그들의 지각의 범위를 결정했습니다. 그것들은 1세기의 아테네, 고린도, 에베소, 또는 로마의 "아침신문"에서 사용되는 단어와 구들이었습니다. 그것들은 신약성경 기자들의 말이 증언하는 것과 동일한 경험에 들어간 독자들에게 새롭고 매우 상이한 차원의 메시지를 전했습니다.

의미의 보다 깊은 차원

엘레드 스콰이어Aelred Squire는 "특정 유형의 삶을 사는 사람은 교리를 이해할 수 있는 위치에 있다. 경험만이 열 수 있는 유형의 지식이 있다 "11)라고 이러한 의미 전달에 대해서 간명하게 설명했습니다.

바울도 동일한 깨달음을 표현합니다. 그는 고린도전서 1~2장에서 복음 전파와 철학적 지식 전파의 차이점에 대해 다소 길게 논합니다. 바울은 먼저 철학적 지혜와 복음 전파에 대해서 다루고(고전 1:18-25), 그 다음에 "우리가 지혜를 말한다"라고 말했습니다(고전 2:6). 그 후에 자신이 말하는 지혜의 본질을 상세히 설명했습니다(고전 2:7-12). 그것은 발달된 인간적 합리성의 지혜와 관련된 것이 아닙니다. 이 지혜의 근원은 성령을 통해 내주하시는 하나님의 현존 체험에 있습니다. 바울은 "우리가 이것을 말하거니와 사람의 지혜가 가르친 말로 아니하고 오직 성령께서 가르치신 것으로 하니 영적인 일은 영적인 것으로 분별하느니라"(2:13)는 말로 지혜에 대한 묘사를 마칩니다. 그는 계속해서 "육에 속한 사람은 하나님의 성령의 일들을 받지 아니하나니 이는 그것들이 그에게는 어리석게 보임이요, 또 그는 그것들을 알 수도 없나니 그러한 일은 영적으로 분별되기 때문이라 신령한 자는 모든 것을 판단하나 자기는 아무에게도 판단을 받지 아니하느니라"(2:14-15)고 말합니다.

바울이 사용한 표상들—그가 편지에서 사용하는 단어들, 그의 선포와 교훈—은 1세기 세계의 지각적 한계의 제한을 받을 수밖에 없지만, 그는 말씀에 의해 형성되는 기독교인들의 공통된 삶의 경험의 심오한 원동력들을 기독교인들에게 전달하는 데 사용할 수 있는 언어적인 수단으로서 이러한 용어들을 사용한다고 말합니다.

성경의 본질

이러한 성경의 원동력을 바라보는 또 하나의 방법이 있습니다. 앨런 존스Alan Jones는 "하나님을 향한 내적 여정에는 신화론이나 표상들이나 관념들이나 그림들 중 한두 가지가 실체와 연결되는 하나의 성상icon, 실체를 들여다보는 창문이 되기를 바라는 희망을 가지고 그것들을 탐구하는 일이 포함된다"[12]라고 말했습니다. 이 말을 성경의 본질에 대한 심오한 진리를 예증하는 데 적용할 수 있습니다. 본문에 묘사된 실체 안에 친밀하게 개입된 삶을 사는 사람들을 위한 성상들은 어떤 것이며, 아직 그 실체의 외부에 서 있는 사람들을 위한 그림과 사상과 신화와 표상들은 무엇입니까?

여기에 성경 해석의 수수께끼가 들어있다고 생각됩니다. 비록 우리가 신약성경 기자들이 사용한 용어와 표상들을 이해하기 위한 상황으로서 신약시대 세계의 지각의 범위를 완벽하게 재현하고, 객관적이고 정확하게 그 시대의 인간 실존의 원동력들을 재현하며, 지적으로 기독교 공동체의 삶의 경험을 적절하게 파악해도 우리가 살아 있는 말씀에 의해 형성되는 경험적인 삶의 실체에 참여하지 않는다면 신약성경의 저술들에 대한 우리의 궁극적인 이해는 인간 실존에 대한 우리 자신의 경험에 비추어 분석하거나 "비신화화"할 수 있는 표상과 신화와 개념과 그림들을 보는 것에 불과할 것입니다.

우리는 성경 안에서 우리에게 오시며 말을 건네시며 우리의 타락한 말word을 통찰하시며, 우리를 세상에 존재하도록 공표하시는 하나님의 말이 되게 하시려는 하나님을 만납니다. 성경 안에서 말씀은 인간의 의사소통, 인간의 언어를 통해서 우리에게 말을 거십니다. 따라서 어떤 의미에서 성경은 성상학적이라고 할 수 있습니다. 성상학이라는 용어가 우리의 인식과 이해에는 다소 생소한 것이기 때문에 불편한 개념일 수 있습니다. 그러나 성경을 깊이 이해하려면 성경의 성상학적인 본질을 깨달아야 합니다. 그것은 우리의 영성 형성에서 발휘하는 성경의 역할에 반드시 필요한 것입니다.

성경 기자들은 살아 있는 하나님의 말씀에 의해 형성되고 있는 완전히 새로운 질서에 참여했습니다. 그들은 말씀과 관련된 자신의 경험의 너비와 깊이와 높이를 전하기 위해서 어쩔 수 없이 낡은 존재의 질서에 속하는 언어, 그들 세계의 언어를 사용할 수밖에 없었습니다. 그 과정에서 언어는 성상학적인 것이 됩니다. 그것은 말씀에 의해 형성되는 삶의 실체를 바라보는 언어적인 창문이 됩니다.

로마-헬레니즘 문화는 대단히 성상학적인 문화였습니다. 로마-헬레니즘 시대의 예술, 건축, 화폐 주조, 조각 등은 그 시대 사람들이 인간 실존을 위한 배경이 된다고 생각되는 영적 영역들을 묘사하는 데 기여했습니다. 그 시대는 성상학적인 사회였는데, 기독교의 저술들이 이러한 특징을 채택했습니다.

말씀에 의해 형성된 공동체인 교회를 나타내는 신약성경의 용어들을 살펴봄으로써 이러한 문학적 성상학을 예증해 보겠습니다. 단순히 교회를 지칭하는 신약성경의 용어들을 열거하는 것은 믿기 어려울 만큼 놀라운 일입니다. 이러한 범주들에게 이성적이고 논리적이고 지적인 조직을 부여하려는 시도들은 모조리 실패합니다. 그것은 정보 습득적인 방법입니다. 여기에서 우리는 이성적이고 객관적인 통제를 어렵게 만드는 것에 직면합니다. 교회는 도시, 몸, 신부, 성전, 석조 건물, 집, 포도원, 왕국, 민족, 가정, 양떼, 하나님의 백성, 군대, 빛의

아들들, 소금, 맏아들, 제사장, 종 등으로 묘사됩니다. 폴 미니어Paul Minear는 문학적인 성상학의 복합적인 본질을 훌륭히 묘사했습니다.

"어떤 목록도 신약성경 기자들의 생생한 상상력을 자세히 구명할 수 없고, 그들이 사용한 개념들의 미묘함과 활력과 유창함을 공정하게 표현할 수 없다. 어떤 표제나 묘사도 그 사상의 범위 전체를 포함하는 것으로 간주할 수 없다. 그것들 중 어느 것도 객관적이고 한정적인 정의로 축소할 수 없다. [정보 습득적인 접근 방법!] 이러한 단어들과 묘사들은 고정된 의미와 관련된 개념들의 저장소라기보다는 사상의 통로들이다. 이것은 사고의 특징에만 기인하는 것이 아니라 묘사되는 실체의 질적이고 관계적인 특징에도 기인한다."[13]

미니어는 "교회 생활에 참여하는 것이 그림들이 함축하고 있는 의미들을 이해하는 데 필요하다고 간주되었다"[14]라고 신약성경의 비유적 표현의 성상학적인 본질에 초점을 두었습니다. 다시 말해서 예수를 통해서 하나님에 의해 확립되고 있으며 성령의 사역과 현존에 의해 실현되는 새로운 질서의 실체 안에 살고 있는 사람들에게 있어서 교회를 나타내는 다양한 상징들은 말씀에 의해 형성된 공동체를 의미하는 이콘들이 되었습니다. 그들은 이러한 성상들을 통해서 살아 있고 활력 있는 하나님의 말씀과의 만남에 의해 이루어지는 무한한 실체의 깊고 새로운 차원들을 인식하고 경험했습니다.

성상으로서의 성경의 힘

성경은 성상학적iconographic입니다. 멀리 있는 것이 작아지기는커녕 점점 더 커지는 흥미로운 특징을 지니는 성화icon도 있습니다. 풍경이 묘사된 성화를 볼 기회가 있으면 자세히 바라보십시오. 예를 들어 창문들을 살펴보십시오. 성화의 전면에 비교적 작은 창이 있는데, 배경에 있는 또 다른 창은 전면의 창보다 훨씬 큽니다. 또는 건물들을 바라보십시오. 우리가 기대하는 것과는 달리 건물들이 뒤로 갈수록 작아지는 것이 아니라 커지는 경향이 있습니다. 이것이 어떻게 작용하는지 아십니까? 그것은 그림이 점점 작아져서 사라지는 일반적인 미술적 원근법을 완전히 뒤집습니다. 우리는 뿌리 깊이 새겨져 있는 관점에 의해 성화들을 판단하려는 경향이 있습니다. 그러나 성화들은 쉽게 우리의 원근법을 뒤집습니다.

우리는 성화를 바라볼 때에 중심점이 그림 안에 있는 것이 아니라 우리 안에 있음을 발견합니다. 우리 앞에 펼쳐지는 실체, 즉 신비 속에 끌려들어 갑니다. 우리가 그림을 통제하는 독립적이고 객관적인 관찰자가 되는 것이 아니라 성상이 우리를 만나고 말을 건네고 존재의 질서 속으로 끌고 들어가는 객관적이고 독립된 실체를 전달한다는 것을 발견합니다. 그렇기 때문에 동방정교회 신자들의 공동체 안에서 성상은 그리스도 안에 있는 하나님의 새로운 질서 속으로 신자들을 끌고 들어가는 실체를 보는 창문이 됩니다.

그러므로 성상학은 성경에 대한 기본적 의식이 되는 형상입니다. 성경을 성상학적으로 생각하십시오. 어떤 의미에서 정보 습득적인 독서 방식의 과중한 짐은 우리가 읽는 것을 인식하는 방법을 지배합니다. 정보 습득적인 방법은 우리를 이윤체감점point of diminishing returns이 외부에 있는 사실주의 미술과 같은 차원에 맞게 조정해 왔습니다. 우리에게 오는 모든 것에게는 영점zero point, 우리가 "통제하는 지점"이 있습니다. 그러나 성경을 성상학적으로 대하기 시작할 때 우리는 자동적으로 형성적인 방식으로 이동하기 시작합니다. 우리가 성경 앞에 서며, 성경이 우리 앞에 보이게 되고 우리에게 말을 건넵니다. 성경은 우리를 하나님의 말씀에 의해 형성된 존재의 질서 안으로 끌어갑니다.

바울이 고린도전서 2장 13절에서 말하는 것처럼 성상학이 성경의 주된 원동력이라면, 성경이 영성 형성의 효과적인 도구가 되며 하나님의 말씀에 의한 형성과 만남의 대리인이 되려면 정보 습득적인 접근 방법에서 형성적인 방법으로 이동해야 합니다. 우리는 수용적인 태도로 성경 앞에 자신을 개방하며 성경이 말하는 것을 들으며 응답할 준비를 갖추어야 합니다. 이런 태도로 성경에 다가갈 때 우리의 "말"word이 하나님의 말씀에 공명하기 시작하는 삶 속에 끌려들어 가는 자신을 발견합니다. 우리는 과거의 의미, 가치, 목적, 정체성, 성취, 온전함 등의 구조들이 일변하여 새로운 형태를 취하는 것을 발견하기 시작합니다. 우리가 하나님이 세상에 존재하도록 공표하시는 말이 되기 시작했기 때문에 우리의 삶은 새로운 의미, 새로운 가치, 새로운 목적, 새로운 정체성을 취하기 시작합니다. 우리는 이웃과의 관계 안에 있는 세상에 살기 시작합니다. 즉 그리스도 안에 있는 새 질서에 속한 생활을 하기 시작합니다. 우리는 하나님의 시간에 속한 실존에 참여하기 시작합니다.

제7장

하나님의 시간에 속한 실존

　이 장을 읽기 전에 하나님의 현존 안에서 묵상하면서 우리의 마음과 삶과 정신과 존재를 하나님이 행하시려는 것에 대해 열어놓는 시간을 가지십시오. 하나님의 현존 안에 고요히 머무십시오.

　하나님, 우리는 다시 주님을 의지합니다. 불완전한 우리가 하나님께 가오니 완전하게 해 주십시오. 상한 우리가 하나님께 가오니 온전하게 해 주십시오. 편안하지 못한 우리가 하나님께 가오니 고쳐 주십시오. 우리로 하여금 삶의 깊은 곳을 열도록 도와 주시며, 이 장과 이 책 전체를 통해서 우리의 온전함을 위한 주님의 완전한 뜻 안에서 주님이 원하시는 일을 우리 안에 행하실 수 있게 하옵소서. 우리의 마음과 정신을 자극하시며, 주님의 뜻대로 우리를 다루시옵소서. 주님이 지금 행하시는 모든 것, 그리고 장차 행하실 모든 것으로 인해 감사와 찬송을 드립니다. 예수님의 이름으로 기도합니다. 아멘.

이제 우리는 또 하나의 지각의 변화, 하나의 대체 의식에 이르는 통로에 도달해 있습니다. 만일 성경이 우리의 삶에서 성상학적으로 작용한다면, 만일 성경이 그리스도 안에 있는 새로운 존재 질서 안에 우리가 끌려들어 가는 것을 발견하는 창이 될 수 있다면 이 통찰은 모든 것에 대한 심오한 지각의 변화를 요구할 수 있을 것입니다. 이것은 하나님이 우리로 하여금 존재하도록 공표하시는 말이 우리의 말을 제멋대로 수정하고 왜곡하고 천하게 만드는 존재의 질서와 대조되는 존재 질서 안에 관계의 틀을 소유한다는 깨달음을 암시합니다.

성경의 "세계"

먼저 성경과 이 대안적 존재 세계의 관계를 살펴보겠습니다. 여러 면에서 성경은 복잡한 문서들의 집록입니다. 그것은 고대 근동 역사에서 거의 천 년 동안(구약), 그리고 로마 세계의 처음 100년 동안(신약)에 기록되었습니다. 그것은 이러한 환경을 배경으로 하는 다양한 문화적 상황에서 기록되었는데, 이 사실 자체가 성경을 우리에게 생소한 것으로 만듭니다. 이것은 이 복잡한 문서들의 집록의 표면에 불과합니다. 우리가 성경의 문화적 배경 안에서 성경을 이해하기 시작하면 성경의 대항문화적인 본질을 깨닫기 시작합니다. 성경 기자들과 사건들은 인간 문화에 침입하여 붕괴시키며 사람들에게 이 대안적 실체 안에서 자신의 참된 정체성과 가치와 목적을 발견하라고 요구하는 대안적 실체의 존재를 증언합니다. 이 대안적 실체는 자신이 그러한 실체 안에 살고 있다고 오해하고 있는 사람들이 소유하고 있는 기존의 종교적 관습과 전통도 붕괴시킵니다. 우리는 성경에 접근할 때 우리를 이끌어 우리 자신, 우리 문화의 가치관과 관점들, 심지어 종교 구조들과 신앙의 관습들까지 초월하게 만드는 것과 만난다는 사실 때문에 당황합니다.

성경은 일련의 종교적인 개념들이나 신학적인 원리들 이상의 것을 제공합니다. 하나의 대안적 존재 질서가 우리를 대면합니다. 그것은 우리를 거짓 자아에서 끌어내어 참 자아가 발견되는 존재 방식으로 인도합니다. 성경은 역사적으로 이 대안적 존재 질서 안에서 참된 삶을 발견해온 사람들의 공동체 속으로 우리를 인도합니다. 우리는 그 공동체의 경험에 참여함으로써 성경을 완전히 이해합니다.

바울은 에베소서와 골로새서에서 이 경험을 권합니다. 에베소서는 두 부분으로 나뉩니다. 전반부는 교리적인 것이고, 후반부는 실천적인 것입니다. 바울은 전반부에서 그리스도 안에 있는 하나님의 신비 및 그것이 의미하는 바를 제시합니다. 그런 후 4장 첫머리에서 "행함"walking에 대해 말하기 시작합니다. 1절에서 "그러므로 주 안에서 갇힌 내가 너희를 권하노니 너희가 부르심을 받은 일에 합당하게 행하여"라고 말합니다. 2-17절에서 이 주제에 대해 상세히 설명하고,

17절에서는 "그러므로 내가 이것을 말하며 주 안에서 증언하노니 이제부터 너희는 이방인이 그 마음의 허망한 것으로 행함 같이 행하지 말라"고 말합니다. 5장 2절에서 "너희도 사랑 가운데서 행하라"고 권면하며, 5장 15절에서는 "너희가 어떻게 행할 지를 자세히 주의하여"라는 말로 끝맺습니다. 바울이 "행하다"walk라는 단어를 거듭 사용한 것은 삶의 전체적인 배열, 세상에서의 존재의 배열을 시사합니다.

에베소서 5장 15절의 "너희가 어떻게 행할 것을 자세히 주의하여 지혜 없는 자같이 하지 말고 오직 지혜 있는 자같이 하여"라는 구절에서 "행함"이라는 말의 어원에 주목하십시오. 정보 습득적인 문화 속에 살고 있는 우리는 지혜를 지적인 기능으로 생각하는 경향이 있습니다. 우리는 지적인intelligent, 재기 있는brilliant, 천재genius 등의 용어를 지혜의 동의어로 사용합니다. 이것들은 지혜의 종속물일 수 있습니다. 그러나 성경적으로, 특히 바울과 그의 히브리 전통에서 지혜는 하나님의 뜻과 목적에 따라서 삶을 정돈하는 것입니다. 지혜란 하나님이 우리로 하여금 세상에 존재하도록 공표하신 말과 우리 존재의 모든 원동력들이 조화를 이루게 만드는 것입니다.

바울은 그 다음에 지혜 안에서 행하는 것의 본질을 해명하기 위해서 수식하는 절을 추가합니다. 16절은 "세월을 아끼라"로 번역됩니다. 헬라어로는 *exagoradzomenoi ton kairon*인데, 이것은 골로새서 4장 5절의 "지혜로 행하여"라는 문맥에서 동일한 형태로 등장합니다.

*exagoradzomenoi*라는 단어의 중간에 *agora*(장터)라는 단어가 감추어져 있습니다. *agoradzo*라는 동사는 장터에서 이루어지는 활동, 즉 사고파는 일을 표현합니다. 이 문맥에서 *exagoradzo*는 문자적으로 "매점하다"라는 특별한 의미를 지닙니다. 우리가 어느 상점에 가서 그곳에 있는 것을 모조리 구매한다면, 그것은 물건들을 매점하는 것입니다.

헬라어는 어형 변화가 많은 언어이기 때문에 원하기만 하면 헬라어로 매우 정확하게 표현할 수 있습니다. 바울이 여기에서 행하고 있는 것도 그것인 듯합니다. 그는 "중간태"라고 알려진 것을 사용하는데, 그것은 주어가 스스로를 위해서 계속 행동하고 있는 것을 의미합니다. 이 경우에 *exagoradzomenoi*를 가장 논리적으로 번역하면 "자신을 위해서 모든 물건을 구매하는 것" 또는 "자신을 위해서 완전히 책정하는 것"이 될 것입니다.

우리는 자신을 위해서 무엇을 완전히 책정합니까? 바울은 "하나님의 시간"*kairos*을 지적합니다. 시간을 나타내는 헬라어는 두 가지입니다. 하나는 크로노스*chronos*인데, 여기에서 정밀시계chronometer, 연대기chronology, 그리고 시계와 관련된 모든 단어가 파생됩니다. 크로노스는 기본적으로 초, 분, 시간, 날, 해 등의 순차적인 흐름입니다.

카이로스*kairos*는 종종 크로노스와 동의어로 사용되지만 주로 "성취된 시간", "중요한 시간", "결정적인 시간", 즉 모든 것이 함께 흐르는 시간, 다시 오지 않는 기회를 의미합니다.

신약성경 중 특히 바울의 글에서 이 용어가 흥미롭게 사용됩니다. 카이로스는 주로 두 가지로 사용됩니다. 첫째, 그것은 하나님이 그리스도 안에서 행하신 것과 관련하여 사용됩니다.[15] 어떤 의미에서 예수님의 삶과 죽음과 부활과 승천은 하나님의 카이로스입니다. 마가는 예수님의 메시지를 요약하여 전하면서 예수께서 "때kairos가 찼고 하나님의 나라가 가까이 왔다"(막 1:15)라고 말씀하신 것으로 보고합니다. 마가가 보고한 것은 신약성경의 나머지 부분에서 확인됩니다. 즉 인류의 역사 안에 있는 하나님의 결정적인 순간이 그리스도 안에서 성취되었습니다. 그리스도 안에서 존재의 새 질서—하나님의 나라—가 인간의 역사 안에 돌입하였습니다.

둘째, 신약성경에서 카이로스는 그리스도의 재림을 언급합니다.[16] 하나님이 최초의 카이로스, 예수의 성육신과 죽음과 부활과 승천 안에서 시작된 일의 열매를 맺게 하시는 때kairos가 있을 것입니다.

바울은 이 두 가지 용례 외에도 여러 곳(엡 5:16; 골 4:5)에서 카이로스가 세상에서의 기독교적 실존이라는 상황과 관련이 있는 것처럼 사용합니다.[17] 어떤 의미에서 바울은 세상에 살고 있는 기독교인들이 예수의 성육신 안에서 시작되었고 그분의 재림 때 완성될 존재의 질서 안에 살고 있다고 지적하는 듯합니다.

바울은 "세월kairos을 아끼라"(엡 5:16; 골 4:5)고 말하면서 우리가 하나님이 제공하시는 바 그리스도 안에 있는 새로운 존재의 질서에 몰입하고 헌신하고 복종해야 한다고 말합니다. 우리는 일상생활이 그 새로운 존재 질서의 원동력들에 의해서, 즉 그것의 가치관과 구조들, 하나님의 현존과 목적과 능력이라는 실체에 의해서 형성되는 것을 허락해야 합니다.

바울은 하나님의 시간에 따라 kairotically 살라고 촉구합니다. 헬라어의 장점은 동사 시제의 용법에 있습니다. 여기에서 바울이 사용하는 시제는 계속되는 행동을 나타내기 위한 것입니다. 바울은 "가서 한 번만의 사건인 이 일을 행하라"고 말하는 것이 아니라, "끊임없이 너 자신을 위해 때 kairos를 배정하라"고 말합니다. 기독교적 실존은 하나님의 시간에 따른 실존입니다.

하나님의 변화시키는 은혜의 때 kairos, 그리스도 안에서 하나님이 제공해 오신 존재의 새 질서의 때, 살아 있는 하나님의 말씀에 의해 형성되는 존재의 질서에 속한 때가 성경의 "세계"입니다. 하나님의 때에 따른 실존은 그 세계 안에서 영위되는 삶입니다. 그 삶 속에서 하나님이 우리로 존재하라고 공표하시는 말이 하나님의 살아 있는 말씀에 의해 형성됩니다.

하나님의 때에 따른 실존의 원동력

에베소서 5장에서 바울은 하나님의 때에 따른 실존 kairotic existence의 몇 가지 원동력을 제공합니다. 그는 먼저 "어리석은 자가 되지 말고 오직 주의 뜻이 무엇인가 이해하라"(5:17)고 말합니다. 하나님의 때에 따른 실존의 기본 요소는 하나님의 뜻입니다. 하나님의 때에 따른 실존은 세상에서의 하나님의 뜻에 의해 형성되는 삶입니다.

바울은 "술 취하지 말라 이는 방탕한 것이니[18] 오직 성령의 충만함을 받으라"(5:18)고 덧붙여 말합니다. 하나님의 때에 따른 실존은 하나님의 뜻에 의해 형성되는 삶일 뿐만 아니라 하나님의 내주하시는 현존에 의해 능력을 부여받는 삶입니다.

하나님의 때에 따른 실존의 세 번째 특성은 개인주의적이고 배타적인 문화 안에 사는 우리에게 중요합니다. 바울은 "시와 찬송과 신령한 노래들로 서로 화답하라"(엡 5:19)고 말하면서 하나님의 때에 따른 실존을 공동체 안의 삶으로 묘사합니다. 시와 찬송과 신령한 노래들로 서로 화답하라고 말했다고 해서 기독교 공동체를 지역적인 오페라 조합이라고 상상할 수 없습니다. 바울이 의미한 하나님의 때에 따른 실존은 우리의 삶이 서로 조화를 이루게 되는 세계 안에서의 생활 방식이라고 여겨집니다. 그것은 우리 모두가 같은 곡조로 노래해야 한다는 의미가 아니며, 우리 모두가 같은 멜로디로 노래해야 한다는 의미도 아닙니다. 우리 각 사람에게는 다른 사람들과의 관계 안에서 노래해야 할 나름의 부분이 있지만 우리가 노래하는 부분이 다른 사람들의 삶에 유익한 하모니가 될 것입니다. 우리가 다른 사람들의 삶 안에 존재하도록 하나님이 공표하시는 "말"이 되려 할 때 그 말은 그들의 온전함을 위한 말이기 때문에 궁극적으로 조화로운 말이 될 것입니다.

넷째, 바울은 "너희의 마음으로 주께 노래하며 찬송하며 범사에 우리 주 예수 그리스도의 이름으로 항상 아버지 하나님께 감사하며 그리스도를 경외함으로 피차 복종하라"(엡 5:19-21)는 말로 하나님의 때에 따른 실존에 대한 묘사를 마칩니다. 하나님의 때에 따른 실존은 하나님과의 관계 안에서 화목한 상태입니다. 그것은 삶의 모든 상황에서 하나님이 형성하시는 목적을 감사히 받아들이고 겸손히 복종하여 하나님이 이웃을 위해 살도록 공표하시는 말이 되는 것입니다.

바울은 골로새서 4장 5절에서 "세월$kairos$을 아끼라"고 촉구하면서 하나님의 때에 따른 실존에 대한 그의 가르침을 정의하는 데 도움을 주는 한 가지 요소를 추가합니다. 그는 "지혜로 행하라"고 말하는데, 이것은 에베소서 5장 15절의 "그런즉 너희가 어떻게 행할 지를 자세히 주의하여 지혜 없는 자같이 하지 말고 오직 지혜 있는 자같이 하라"는 말씀에서 발견되는 것과 동일한 일반적인 삶의 원동력입니다. 그런데 바울은 골로새서에서 "외인에게 대해서는 지혜로 행하여 세월을 아끼라"고 덧붙입니다. 여기에 두 가지 존재의 질서가 있습니다. 첫째, 하나님과의 만남과 하나님이 자신의 삶에 침입하시는 데 복종함으로써 하나님의 때에 따른 실존에 이끌려 들어갔으며 그 실존의 완전함과 충만함 속으로 더욱 깊이 끌려들어 가는 과정 안에 있는 사람들이 있습니다. 둘째, 하나님에게 적극적으로 응답하지 않고 밖에서 있는 사람들이 있습니다.

바울이 "외인에게 대해서는 지혜로 행하라"고 권면한 것은 비판적이고 단절된 고립주의나 분리주의를 말하는 것이 아닙니다. 바울은 그리스도 안에서 온전함을 향한 여정을 시작한 사람에게 있어서 그 여정의 필수적인 부분이 세상의 깨진 삶 속에 하나님의 온전함을 가져다주는 대리인이 되는 것임을 지적합니다. 우리의 삶이 세상과 상호작용함에 따라서 우리는 세상의 삶 속에서 하나님의 때kairos가 되어야 합니다. 사도 요한의 말을 빌리자면 "주께서 그러하심과 같이 우리도 이 세상에서 그러하니라"(요일 4:17)입니다.

하나님의 때에 따른 실존의 리듬

앞에서 하나님의 때에 따른 실존의 몇 가지 특성, 즉 하나님의 뜻, 성령 충만, 화목, 감사, 겸손, 그리고 복종 등을 살펴보았습니다. 하나님의 때에 따른 실존에는 보다 깊은 영성생활을 갈망하는 사람들의 핵심적인 관심사인 몇 가지 리듬이 있습니다.

하나님의 때에 따른 실존의 기초는 영성 훈련의 리듬입니다. 어떤 시점이 되면 하나님은 우리에게 말씀하시면서 우리의 거짓 자아가 죽어야 하며 궁극적인 리듬Ultimate Rhythm 앞에서 거짓 자아의 삶의 리듬을 유지하려 하지 말아야 한다는 것을 보여 주실 것입니다. 우리가 원하는 만큼 영성생활의 정상적인 리듬과 양립할 수 없는 보다 심오한 리듬Deeper Rhythm에 응답하여 하나님께 대한 복종과 겸손의 영성 훈련을 실천하라고 살아 있는 말씀Living Word이 요구하실지도 모릅니다. 우리의 삶에서 제멋대로 수정되고 왜곡되고 천하게 된 상태에 있는 우리의 "막"을 하나님의 때에 따른 실존이 대면하는 곳, 살아 있고 통찰력이 있는 하나님의 말씀이 우리 존재의 깊은 곳을 탐색하시는 곳에서 영성 훈련이 발생합니다.

궁극적으로 영성 훈련은 우리가 자신을 위해 선택하는 것이 아닙니다. 이것이 우리 문화 안에 있는 개인주의화되고 배타적인 형태의 종교 안에서 우리가 지니는 또 다른 문제입니다. 우리는 영성 훈련이 우리가 책임을 지는 것이라고 생각합니다. 우리는 영성생활의 특별한 분야에서 성장하기 위해 필요한 것을 결정하며 그 분야에서 일하여 어떤 "영성 훈련들"을 개발합니다. 유일한 문제는 우리가 자신의 영성 훈련들을 개발할 때 그것들이 우리의 존재being 및 행함doing과 조화를 이루는 방식을 소유한다는 것입니다. 내가 십자가를 지는 시기를 선택할 수 있고 그것을 보는 사람이 나를 칭찬한다면, 나는 개의치 않고 십자가를 지고 하나님을 따를 것입니다. 비록 그러한 훈련들이 쉽지 않더라도 우리가 나름의 방법으로 그 훈련을 행하는 것이 허락되어 이기적인 자아가 활성화되는 것이 허락된다면 그 훈련을 감당할 수 있습니다.

하나님이 우리로 하여금 존재하도록 공표하시는 "말"을 약화시키는 것에게 우리가 속박되어 있는 곳에서 참된 영성 훈련이 우리의 삶 속에 침입해 들어옵니다. 이러한 훈련은 우리가 자신의 상처에 예속되어 있을 때 발생하며, 하나님은 우리를 이 상처에서 벗어나게 해 주시려 합니다. 이 차원에서의 영성 훈련은 편하지 못합니다. 영성 훈련은 하나님의 은혜입니다. 처음에는 그것이 하나님에게서 온다는 것을 깨닫지 못할 수 있지만 겸손히 그 훈련에 순종하고 응답하며 그것이 가져다 주는 성장과 완전함을 경험하기 시작하면, 그것이 하나님의 선물이라는 것을 깨닫기 시작합니다. 그것은 우리의 행동이 아니라 하나님의 행동입니다.[19]

하나님의 때에 따른 실존의 또 하나의 리듬은 공동체의 리듬, 그리스도 안에서 함께 하는 삶의 리듬입니다. 영성 훈련이 항상 기분 좋은 것은 아니므로 우리에게 믿음의 공동체가 필요합니다. 이것은 서로 짐을 져주고(갈 6:2) 세워주는 것(살전 5:11; 엡 4:12, 16, 29)보다 더 깊은 차원입니다. 내 안에는 그리스도 안에서 온전함을 향해 성장하는 데 필요한 영성 훈련을 유지할 힘이 없습니다. 만일 나에게 그리스도 안에 있는 형제와 자매가 없다면, 사태가 어려워질 때 나의 뜻과 소원과 목적과 편안함을 향한 갈망이 그러한 영성 훈련들을 파괴하고 악용할 것입니다. 만일 나에게 영적 지도자나 영성 형성 그룹이 없다면 영성 훈련을 꾸준히 계속하지 못할 것입니다. 하나님의 때에 따른 공동체는 우리가 기독교 공동체 안에 만들어 내는 개인적인 작은 모임이 아닙니다. 그것은 사람들을 양육하여 하나님이 세상에 존재하라고 공표하신 것과 같은 온전함에 이르게 하시는 살아 있는 하나님의 말씀에 의해 형성되는 공동체입니다.

하나님의 때에 따른 실존이 지니는 또 하나의 리듬은 성찬예배(전례; liturgy)입니다. 역사적으로 개신교인들은 성찬예배를 거부함으로써 이러한 실존의 본질적인 것을 상실했습니다. 다행히 통전적 성찬예배로 복귀하려는 움직임이 있습니다. 성찬예배는 대중 예배를 위해 규정된 의식이지만 그 이상의 것이기도 합니다. 그것은 하나님의 때를 따르는 공동체의 집단적 생활 방식이 되었습니다. 공동체는 그것을 통해서 하나님과 이웃과 세상의 관계 안에서 하나님이 하나님 중심의 실존을 완전히 표현하시는 것을 허락하려 합니다. 성찬예배는 은혜의 방편으로써 하나님은 그 안에서 인간 공동체가 존재하게 만드시고, 그 지체들을 사랑 안에서 굳게 결속시키시며 하나님 사랑의 대리인들로서 세상에 보내십니다. 성찬예배는 하나님의 때에 따른 실존의 생명의 숨이며, 그러한 공동체의 심장 박동입니다.

이 모든 리듬들—영성 훈련, 공동체, 성찬예배—은 우리를 세상 속으로 몰아냅니다. 그것들은 우리 안에 있는 세상을 변화시키기 위해서 하나님의 현존 속에 가져가는 데 사용되는 리듬들입니다. 그 때 우리는 하나님의 변화시키는 은혜의 경험 속에서 치유와 온전함과 화해와 사랑의 대리인이 되어 하나님의 때에 따른 은혜와 사랑의 실존을 세상에 가져다 줍니다.

그러므로 영성 형성은 하나님의 때에 따라 사는 법을 배우는 과정입니다. 그것은 하나님이 우리로 하여금 존재하게 하신 "말"word을 살아 계신 하나님의 말씀Word에 의해 형성되고 성취되게 만드는 실존, 날마다 하나님 중심의 삶을 영위하기 시작하는 과정입니다. 성경은 하나님의 말씀이 침입하고 말씀하시는 데 사용되는 주된 도구입니다. 그것은 하나님의 시간, 말씀의 세계, 하나님과의 변화시키는 만남의 주된 도구입니다. 성경은 우리의 삶과 신앙 공동체 안에서 하나님의 현존과 능력과 목적이 작용하는 주된 도구들 중 하나입니다. 성경은 하나의 성상으로서 하나님의 때에 따른 실존의 실체가 우리 존재의 중심으로 꿰뚫고 들어와 크게 축소된 우리의 말로부터 하나님이 세상에 존재하도록 공표하시는 말에게로 불러내시는 통로입니다.

지금까지 영성 형성에서 성경의 역할에 영향을 미치는 우리의 지각의 틀의 네 가지 주요 측면을 살펴보았습니다.

1. 우리는 자신을 하나님이 세상에 존재하라고 공표하시는 "말"word, 제멋대로 수정되고 비틀어지고 천해진 우리의 말이

이웃의 삶 속에 존재하도록 하나님이 공표하시는 바 자유하게 하고 치유하고 구속하는 사랑의 "말"이 되기 위해서 하나님의 살아 있는 말씀Word에 의해 형성되어야 하는 "말"이라고 간주함으로써 자신의 자아상에 대한 대안적 인식을 발달시키려 해 왔습니다.

2. 성경이 우리의 뒤틀린 "말"의 핵심을 통찰하는 하나님의 살아 있고 활력 있는 말씀이 되려면 성경을 읽는 일과 관련하여 형성적인 관점을 발달시켜 성경 안에 있는 하나님의 말씀과의 만남을 받아들일 수 있게 되어야 한다는 것을 살펴보았습니다.

3. 성경의 성상학적인 본질을 인식하고 성경을 그리스도 안에 있는 새로운 질서의 실체를 바라보는 창문으로 여김으로써 형성적인 방법으로 성경에 접근하는 것이 강화된다는 것도 살펴보았습니다.

4. 마지막으로 성경의 성상학적인 본질은 우리로 하여금 기독교적인 실존을 하나님의 말씀에 의해 우리의 "말"이 형성되는 하나님의 때에 따른 실존으로 새롭게 인식하게 합니다.

제3부

중요한 경험적 변화들

제8장

기능적-관계적 요인들

제2부에서는 영성 형성에 직접 관여하는 몇 가지 중요한 지각적 실체를 다루었습니다. 이 지각적 실체들이 우리의 영성 형성에서 성경의 역할을 통제합니다. 우리 자신과 하나님의 말씀, 우리의 독서 방법들, 성경에 대한 우리의 관점, 기독교적 삶의 심오한 실체 등을 살펴보기 위한 대안적 지각 구조들을 살펴보았습니다. 이제 우리의 삶의 형태를 결정하며 우리의 영성 형성에 강력한 영향을 주는 경험적 요인들을 고찰해 보아야 합니다.

경험적 요인들의 두 가지 기본 형태, 즉 문화적인 것과 종교적인 것은 상호작용합니다. 나는 인위적으로 문화적인 것과 종교적인 것을 분리하기보다 우리 삶의 경험적 구조를 이루는 두 가지 중요한 양극성에 대한 나의 견해를 이야기하면서 이 둘을 결합하려고 합니다.

우리 문화의 기능적인 실체들

첫 번째 양극성은 기능적-관계적인 것입니다. 서구 문화와 미국 문화는 특히 기능적인 것을 지향하는 문화입니다. 낯선 두 사람의 대화를 들어 보십시오. 만나서 몇 분이 지나기 전에, 때로는 몇 초가 지나기 전에 한 사람이 다른 사람에게 "당신의 직업은 무엇입니까?"라고 묻습니다. 이것은 정체성을 확고히 하는 질문, 우리로 하여금 자신의 가치 체계 안에서 한 사람의 서열을 정하게 해 주는 질문입니다. 우리 문화는 기능을 기초로 하여 사람들의 의미, 가치, 목적, 자아상 등을 확립합니다.

우리 문화에서 기능 지향성의 파괴적인 본질은 다양한 방식으로 표현됩니다. 그 중 하나가 십대 청소년들의 높은 자살률에서 나타납니다. 자살에 작용하는 주된 요인은 삶이 무의미하고 목적이 없다는 의식, 인격적인 가치와 자아상의 상실입니다. 우리 사회의 청년들은 기능을 기초로 하여 사람들을 평가하는 문화 속에서 양육되고 있습니다. 그들은 20대 초반이나 중반이 되어야 중요한 기능적 활동을 부여하는 경향을 지닌 문화 안에서 양육되고 있습니다. 따라서 우리의 청소년들은 애매한 상황에 처해 있습니다. 그들의 가치, 의미, 정체성, 목적 등은 사회 내에서의 그들의 역할에 달려 있지만 그들이 중요한 기능적 역할을 소유하는 것이 허락되지 않습니다. 따라서 이 연령 집단에서 자살, 마약 중독, 그리고 범죄가 크게 증가하는 것이 그리 놀라운 일이 아닙니다.

기능 지향성의 파괴적인 결과들을 보여주는 또 하나의 예는 은퇴한 사람들입니다. 통계에 의하면 노인 자살률이 십대 집단의 두 배라고 합니다. 은퇴한 사람들이 처한 상황을 생각해 보십시오. 어느 날부터 평생 그들의 삶에 의미와 목적과 정체성을 부여해 주었던 기능적 역할이 주어지지 않습니다. 그들의 자아의식과 자존감을 위한 기능적 지원 구조가 사라진 것입니다. 갓 은퇴한 사람들 사이에서 우울증과 자살이 유행하는 것은 그리 놀라운 현상이 아닙니다.

교회 내의 기능적 요인

나는 기독교 공동체 안에서 기능적 요소의 해로운 힘의 몇 가지 예를 경험했습니다. 내가 근무하는 신학교에 지도사역supervised ministry 프로그램이 있는데 대부분의 학생들은 두 학기 동안 병원, 감옥, 양로원, 교회 등 다양한 환경에서 실질적인 사역에 참여합니다. 학생들은 일주일에 여덟 시간 사역에 참여하고 매주 평가회에 참석합니다. 학생들은 매 학기에 두 가지 사역 경험에 대한 사례 연구서를 제출합니다.

어느 학기에 내가 주재하는 평가회에서 매우 흥미로운 경향이 나타

났습니다. 매주 사례 연구에서 학생들은 자기들이 처한 환경에서 그리스도의 대리인으로서 부름을 받은 상황을 묘사했습니다. 학생들은 사역에 대비하여 "활동 계획"을 작성했습니다. 그들은 세심하게 기능적인 계획을 전개했습니다. 그러나 학생들이 사역 장소에 도착했을 때 그 사역 환경 안에 있는 무엇인가가 그들이 세심하게 전개한 사역 계획을 완전히 망쳤습니다. 학생들은 자신이 세운 기능적 계획을 조정해야 했습니다. 때때로 그들은 봉사하려고 노력하면서 두세 가지의 기능성 방식을 시도해 보았지만 모두 실패했습니다. 그럴 때마다 학생들은 엄청난 충격을 받았습니다. 어떤 학생은 자신이 그 사역에 적합한지의 여부에 대해 진지하게 질문했습니다. 그들은 기능적인 실패를 사역에서의 실패와 동일시했습니다. 사역자로서의 그들의 정체성, 가치, 의미, 목적 및 사역이 그들의 기능적인 활동의 효율성과 뗄 수 없이 연결되어 있었습니다.

한번은 수간호사가 어느 학생에게 중병에 걸려 죽음을 앞둔 자기의 친척과 대화해 달라고 부탁했습니다. 그리하여 이 학생은 말로 기능하는 사역을 맡게 되었습니다. 그는 환자에게 몇 개의 위로의 성구를 제시하고, 그의 영혼의 상태 및 죽음의 준비에 대해 이야기하고 나서 기도로 대화를 마치려는 계획을 세웠습니다. 학생이 병실에 들어가 보니 환자가 침대에 누워 있었는데 의식은 있었지만 실질적으로는 혼수상태여서 전혀 반응하지 못했습니다. 학생은 침대에 누워 있는 환자에게 말하기 시작했습니다. 환자는 누워서 천장을 응시하고 있었지만 동공이 전혀 움직이지 않았습니다. 학생이 기도를 원하느냐고 질문했지만 반응이 없었습니다. 학생은 반응이 있는지 알기 위해서 한쪽 눈만 감고 시험 삼아 기도를 시작했습니다. 역시 반응이 없었습니다. 그는 기도를 멈추었습니다. 몇 가지 방법을 시도해본 후에 그는 병실을 나왔습니다.

그 학생은 제대로 기능을 발휘할 수 없었기 때문에 좌절하여 사역을 계속해야 하는지의 여부를 진지하게 생각하면서 신학교로 돌아왔습니다. 그는 평가회에 참석한 사람들의 도움을 받아 이 상황을 돌이켜보면서 사역이란 사람이 행하는 것 이상의 것임을 깨닫기 시작했습니다. 그는 사역이 이웃에게 봉사함에 있어서 우리와 하나님의 관계 안에 있다는 것을 깨닫기 시작했습니다. 또 자기-정체성, 의미, 가치, 목적 등의 기능적인 결정이 얼마나 해로운 것이 될 수 있는지 깨닫기 시작했습니다.

몇 년 전에 에드워드 손톤Edward E. Thornton 박사가 강의를 하면서 아주 흥미로운 말을 했습니다. 그는 최근까지 신학교와 현장에서 목회적 돌봄의 본질이 기본적으로 기능 지향적인 것이었다고 말했습니다. 즉 위기에 처한 사람을 돕기 위해 무엇을 행하는가, 또는 어떤 사람의 욕구를 충족시키기 위해서 무엇을 하는가 등에 초점을 두었다고 말했습니다. 그 다음에 최근 우리가 어떤 행동을 하는가는 상대방과의 관계에서 우리가 어떤 사람이 되는가보다 중요하지 않을 수 있다는 인식으로 변화되고 있다고 말했습니다. 그는 목회 상담 분야의 지도자들이 기능적 방식에서 관계적 방식으로 바뀌어야 할 필요성을 깨닫기 시작했다고 지적했습니다.[20]

영성 형성의 기능적인 요인들

이 기능적 원동력을 상황에 맞게 적절하게 만들어야 합니다. 여기에서 신발이 꽉 죄어 발이 조금 아프기 시작할 수도 있습니다. 진지하게 영성 형성에 참여한 사람들은 영성 형성을 우리가 행하는 기법으로 보려는 강력한 유혹을 받습니다. 영성 형성이란 소진된 사역을 회복시키기 위해서 우리가 행하는 것이라고 볼 수 있습니다. 또는 구식이 된 헌신이나 예배의 방법을 대체하기 위해서 우리가 행하는 것이라고 여길 수 있습니다. 우리는 종종 하나님 사랑의 현존의 깊음 안에 우리가 끌려 들어갈 수 있는 통로인 예배 안에서 자신을 하나님께 헌신하기는커녕 예배란 하나님의 비위를 맞추기 위해서 우리가 행하는 것이라고 간주합니다. 이러한 기능적 원동력은 우리의 영적 활동들을 포함하여 우리의 삶 전체를 헤치고 나아갑니다.

우리에게 문제가 되는 점은 "영성 형성에서 성경을 하나의 도구나 기법으로 사용"하는 것입니다. 우리는 영적으로 형성되기 위해서 성경을 어떻게 다룹니까? 이런 까닭에 우리는 아직 영성 형성에서 성경의 특별한 역할에 이르지 못합니다. 영성 형성에서 발휘되는 성경의 능력을 고찰하려면, 먼저 이미 고찰한 지각적 구조들의 변화 및 경험적인 구조들의 변화에 대해 알아야 합니다.

기능적인 접근 방법 및 그것을 대체할 성경적 대안의 위험성을 보여 주는 성경적인 예를 들어 보겠습니다. 그것은 예수님의 사역의 시작을 보여주는 말씀입니다.

> "예수께서 세례를 받으시고 곧 물에서 올라오실새 하늘이 열리고 하나님의 성령이 비둘기같이 내려 자기 위에 임하심을 보시더니 하늘로부터 소리가 있어 말씀하시되 이는 내 사랑하는 아들이요 내 기뻐하는 자라 하시니라 그 때에 예수께서 성령에게 이끌리어 마귀에게 시험을 받으러 광야로 가사 사십 일을 밤낮으로 금식하신 후에 주리신지라 시험하는 자가 예수께 나아와서 이르되 네가 만일 하나님의 아들이어든 명하여 이 돌들로 떡덩이가 되게 하라 예수께서 대답하여 이르시되 기록되었으되 사람이 떡으로만 살 것이 아니요 하나님의 입으로부터 나오는 모든 말씀으로 살 것이라 하였느니라 하시니"(마 3:16~4:4).

예수님의 세례에는 두 가지 요소가 포함되어 있습니다. 하나는 능력 부여입니다. 예수님은 성령의 기름부음을 통해서 사역을 행할 수

제8장 기능적-관계적 요인들

있는 능력을 받으십니다. 그것은 이 사건 이전 인간 예수의 생활 안에서 성령과 예수의 관계의 신학적 차원을 조사하기 위해 우리가 초점을 두는 범위를 초월합니다. 그러나 최소한 여기에는 하나님의 성령이 그에게 능력을 부여했다는 명백한 의식이 있습니다.

둘째 요소는 예수님의 소명입니다. 예수님은 "너는 내 아들이다"라는 하늘의 음성을 통해서 소명을 받습니다. 여기에서도 이 순간 이전 예수님의 생활에서 하나님과의 관계에 대한 신학적인 질문은 우리의 초점을 넘어서는 것입니다. 이 사건 안에는 예수님의 지상 생활에서 하나님의 아들이 되라는 소명에 대한 분명한 의식이 있습니다. 예수님의 세례는 사역을 위한 능력 부여 및 사역으로의 부르심의 경험입니다.

예수님이 받으신 시험은 예수님의 능력 받으심과 소명에서 직접 흘러나옵니다. 이 사건은 시험에 대한 새로운 통찰을 제공해 줍니다. 우리는 시험이란 외부에서 오는 것, 그리스도 안에 있는 삶의 외부에 있으며 그 삶과는 무관한 것이라고 생각하는 경향이 있습니다. 그러나 실상은 그렇지 않습니다. 시험은 하나님과 우리의 관계의 중심에 임합니다. 그것은 우리의 목적을 위해서 그 관계를 파괴하려는 시험입니다. 능력 부여의 결과는 능력 주시는 성령께서 예수를 광야로 이끌어 시험받게 하신 것입니다. 잠시 이 문제에 대해 생각해 보십시오. 시험의 본질은 소명에 초점을 둡니다. 사탄이 "네가 만일 하나님의 아들이어든…"이라고 도전한 것에 주목하십시오. 그것은 "너는 내 아들이다"라는 부름입니다. 그러므로 시험이 능력 부여와 소명을 함께 가져온다는 것을 알 수 있습니다.

예수님은 자신의 소명을 인증하기 위해서, 자신이 하나님의 아들임을 증명하고자 무엇인가를 행하기 위해서 성령의 능력을 사용하라는 시험을 받으십니다. 시험은 기능적인 방법을 통해서 예수님이 자신의 역할을 확인하기 위한 것, 그분의 정체성과 가치와 의미와 목적을 발견하기 위한 것입니다. 예수님은 자신이 누구인지 증명하기 위해 무엇인가를 행하라는 시험을 받으십니다. 첨단 기술 문화 안에 있는 기능 지향적 사회에서 우리가 주로 받는 시험이 이런 것입니다.

예수님의 대답을 고찰해 봅시다. "사람이 떡으로만 살 것이 아니요." 사람에게 떡이 필요하지만, "떡으로만" 사는 것은 아닙니다. 예수님은 실존의 보다 깊은 상황을 지적하십니다: 인간은 "하나님의 입으로 나오는 모든 말씀으로 살 것이라." 예수님은 삶의 관계적 실체를 지적하심으로써 기능적인 시험에 응답하십니다. 인간 생활의 중심은 하나님과의 관계 안에 놓입니다. 하나님의 목적이 초점이 되며, 하나님의 행동이 중심이 됩니다. 기능적인 원동력은 당면한 환경에게 주시는 하나님의 말씀에 대한 반응이 됩니다.

예수님은 "사람이 떡으로만 살 것이 아니요 하나님의 입으로 부터 나오는 모든 말씀으로 살 것이라"고 대답하시면서 신명기 8장 3절을 인용하십니다. 흥미롭게도 신명기 8장은 인간 생활의 기능적인 면과 관계적인 면의 이분법을 지적합니다.

신명기 8장은 매우 기능적인 시각으로 시작됩니다. "내가 오늘 명하는 모든 명령을 너희는 지켜 행하라 그리하면 너희가 살고 번성하고 여호와께서 너희의 조상에게 맹세하신 땅에 들어가서 그것을 차지하리라"(신 8:1). 이 말씀은 "이것을 행하라, 그리하면 어떠한 결과들이 따를 것이다"라는 의미로서 완전히 기능적인 것처럼 보입니다. 그러나 즉시 관계적인 것에 초점이 주어집니다: "네 하나님 여호와께서 이 사십 년 동안에 네게 광야 길을 걷게 하신 것을 기억하라 이는 너를 낮추시며 너를 시험하사 네 마음이 어떠한지 그 명령을 지키는지 지키지 않는지 알려 하심이라"(신 8:2).

이야기는 계속되어 하나님이 행하신 것과 이스라엘 백성이 행하지 않은 것에 대해 말합니다. 하나님은 그들을 관계적인 생활 방식으로 인도하고 계십니다.

> "네 하나님 여호와께서 너를 아름다운 땅에 이르게 하시나니 그곳은 골짜기든지 산지든지 시내와 분천과 샘이 흐르고 밀과 보리의 소산지요…네가 먹을 것에 모자람이 없고 네게 아무 부족함이 없는 땅이며…네가 먹어서 배부르고 네 하나님 여호와께서 옥토로 네게 주셨음으로 말미암아 그를 찬송하리라"(신 8:7-10).

이스라엘 백성의 삶과 안녕은 그들의 활동의 결과가 아니라 하나님의 활동의 결과요, 그들의 기능적인 활동의 결과가 아니라 하나님과 그들의 관계의 결과입니다. 신명기 8장 중간 부분에서 변화가 나타납니다: "네 하나님 여호와를 잊어버리지 않도록 삼갈지어다." 이것은 "여호와의 명령과 법도와 규례를 지키지 아니함으로써", 즉 관계로부터 직접 흘러나오는 기능적 활동의 상실로 말미암아 삶의 관계적 초점을 상실하는 것에 대한 경고입니다(신 8:11). 그 다음에 초점이 최종적으로 기능적인 것으로 이동합니다.

> "네가 먹어서 배부르고 아름다운 집을 짓고 거주하게 되며 또 네 소와 양이 번성하며 네 은금이 증식되며 네 소유가 다 풍부하게 될 때에…그러나 네가 마음에 이르기를 내 능력과 내 손의 힘으로 내가 이 재물을 얻었다 말할 것이라"(신 8:12-13, 17).

여기에서는 하나님께 대한 복종의 결과들(관계적인 것)과 삶의 실체를 가져오려고 노력하거나 그러한 실체가 자신의 노력의 결과라고 가정하는 기능적인 노력의 결과가 대조됩니다.

이처럼 예수님은 대조를 제시하는 구절에서 시험에 대한 응답을 인용하십니다. 즉 우리는 기능적인 활동에 의해서만 사는 것이 아니라 하나님과의 관계에 의해서 삽니다.

성경의 기능적–관계적인 실체들

예수께서 "하나님의 입으로부터 나오는 모든 말씀으로 살 것이라"고 말씀하신 것은 이 책에서 행하려 하는 것의 초점을 제공합니다. 참 생명과 온전함은 하나님의 말씀에 의해 형성되는 데 따르는 결과입니다. 이 형성은 우리가 노력하여 행하는 것이 아니라(기능적인 것), 우리가 하나님에게 응답하는 사랑의 관계 안에 있을 때에 하나님이 우리 안에서 행하시는 것입니다. 성경은 우리의 삶을 하나님의 형상과 일치시키기 위해서 우리가 사용할 수 있는 것이 아니라(기능적), 우리의 제멋대로 수정된 "말"을 하나님이 세상에 존재하도록 공표하시는 "말"(관계적)로 변화시키기 위해서 하나님이 사용하실 수 있는 것입니다. 우리의 삶에서 성경이 하나님의 도구가 되려면, 성경을 대하는 방식을 기능적인 것에서 관계적인 것으로 바꾸어야 합니다.

정보 습득과 형성을 다룰 때와 마찬가지로 기능적인 실체와 관계적인 실체가 대립되는 것이 아님을 알아야 합니다. 우리의 관심사는 관계적인 것이 기능적인 것보다 우선한다는 것, 그리고 우선순위가 반전된 문화 안에서 그 둘의 상호 관계와 관련된 것입니다. 우리 문화는 기능적인 행동들로부터 관계적인 행동들이 흘러나온다고 생각하는 경향이 있습니다. 그러나 우리의 기능적인 행동들이 삶의 관계적인 실체들, 특히 하나님과 우리의 관계로부터 흘러나와야 한다는 것이 성경적이고 하나님의 때에 속한kairotic 관점입니다.

이 관계적인 실체가 산상수훈 끝부분에서 계시됩니다. 예수님은 마태복음 7장 21-23절에서 "나더러 주여 주여 하는 자마다 다 천국에 들어갈 것이 아니요"라고 말씀하십니다. 놀랍게도 예수님은 우리의 구원을 위해서 관계적인 구조만 의지할 수 없다고 말씀하시는 듯합니다. "나더러 주여 주여 하는 자마다 다 천국에 들어갈 것이 아니요 다만 하늘에 계신 내 아버지의 뜻대로 행하는 자라야 들어가리라." 예수님은 하나님의 뜻을 행하는 것에 기초를 두고 우리의 제자도를 기능적인 것으로 만드시는 듯합니다.

그러나 그 다음에 "그 날에 많은 사람이 나더러 이르되 주여 주여(관계에 대한 주장) 우리가 주의 이름으로 선지자 노릇 하며 주의 이름으로 귀신을 쫓아내며 주의 이름으로 많은 권능을 행하지 아니하였나이까 하리니"라고 말씀하십니다. 이것은 기독교적 삶의 기능적인 측면들을 소유하는 것에 대한 이야기입니다. 이 사람들은 기독교적 삶의 기능적인 측면들을 최대한으로 계발했습니다. 그들을 관찰하는 사람들은 그들을 "수퍼-기독교인"이라고 불렀을 것입니다. 그러나 예수님은 "내가 너희를 도무지 알지 못하니 불법을 행하는 자들아 내게서 떠나가라"고 말씀하십니다.

"내가 너희를 도무지 알지 못한다." 예수님은 관계적인 것을 기능적인 것의 기초로 만드십니다. 이렇게 하시면서 "악한 행동"evil-doing

과 "악을 행하는 것"doing evil을 구분하십니다. "악을 행하는 것"은 하나님의 목적에 어긋나는 것을 행하는 것입니다. 그러나 "악한 행동"은 하나님의 목적과는 일치하지만(예를 들면 예수의 이름으로 권능을 행하고 예언하고 귀신을 쫓아내는 것), 하나님과의 관계가 없이 행하는 것; 우리의 계획에 따라서 우리의 능력과 지혜와 시간에 맞추어 하나님의 목적을 성취하려 하는 것입니다. 이것이 우선적이 될 때, 이 관점이 기능적인 방법의 본질입니다. 예수님이 묘사하신 사람들은 큰 일, 종교적으로 위대한 일들을 행하고 있었습니다. 그러나 그들이 행하는 것들은 하나님과의 관계로부터 흘러나온 것이 아니었습니다. 그들은 하나님의 입으로 나오는 말씀에 의해서 사는 것이 아니라 떡으로만 살려 했습니다.

우리의 영성 형성에 미치는 영향

영성 훈련이 우리를 거짓 자아에서 벗어나게 하며 그리스도의 형상으로 만들어주는 은혜의 수단이 되려면, 그것이 우리와 하나님의 관계에서 비롯되어야 합니다. 하나님과의 관계에서 비롯된 것이 아닐 때 영성 훈련은 대단히 교묘하고 파괴적인 행위-의work-righteousness의 형태가 됩니다. 그것은 우리가 자신을 그리스도의 형상으로 변화시키려는 시도, 또는 하나님의 은총을 얻으려는 시도에 사용하는 수단이 됩니다. 이런 일이 발생할 때 성경은 원하는 결과를 얻기 위해 준수해야 하는 규칙들이나 행위의 집록이 됩니다.

그러나 우리의 하나님 관계가 모든 삶의 문제들을 지배한다는 그릇된 의식과 우리의 목적을 위해 하나님을 "통제"하게 만드는 인식과 행위의 구조가 될 수 있습니다. 이런 일이 발생하면 삶과 믿음은 하나님의 형상 안에 있는 우리의 참 자아에게 치명적일 뿐만 아니라 우리 자신에 대한 이해와 하나님에 대한 의식을 흐리게 하여 참 자아와 하나님에 대한 진리를 볼 수 없게 만드는 거짓 구조가 됩니다. 기능적인 측면은 하나님과의 참 관계를 파괴하는 장애물이 됩니다. 이런 까닭에 하나님과의 참된 관계는 항상 거짓 자아, 특히 종교적인 거짓 자아의 구조를 대면하며 그 거짓 자아의 죽음을 통해서 우리를 생명으로 부르는 만남으로서 시작됩니다.

이처럼 변화시켜 주는 만남의 주된 수단이 성경이지만, 성경을 하나님의 은총을 획득하거나 자기-변화를 위한 "규칙서"로 간주하거나 하나님과의 관계에 있어서 거짓 자아로 하여금 하나님을 통제하게 해 주는 구조를 얻기 위한 자료에 불과하다고 여길 때에는 그러한 수단이 되지 못합니다. 성경을 거짓 자아와 그의 일정을 포기하여 무조건 자아를 하나님께 개방함으로써 하나님이 원하시는 모든 것에 대해 사랑으로 응답하려는 갈망에 의해서 접근되는 하나님과의 만남의 장소라고 간주할 때 변화가 일어납니다.

그러므로 영성 형성의 우선적이고 계속적인 질문은 다음과 같습니다: 우리는 기능적인 기초 위에서 활동하면서 어떻게 해서든지 자아를 하나님께 가까이 가게 하거나 하나님이 원하신다고 생각되는 것에 가까이 가게 하려고 노력하고 있는가? 아니면 관계적인 기초 위에서 활동하면서 하나님께 응답하는 상태에서 하나님이 우리를 참된 영성 형성으로 이끌어 주시는 것을 허락하고 있는가? 우리는 하나님께 가까이 가는 데 사용할 수 있는 수단으로, 즉 우리로 하여금 하나님이 원하시는 존재가 될 수 있게 해줄 기능적인 활동들의 스케줄로 성경을 사용하는가? 아니면 하나님이 말씀하시려는 모든 것에 복종하여 하나님과의 관계로부터 우리의 기능적인 활동들이 흘러나오게 하며, 개방적이고 수용적인 태도로 성경에 접근하려 하는가? 우리는 자신을 하나님께 가까이 이끌어줄 수 있는 기법이나 방법을 찾으면서 성경에 접근하는가(기능적인 방법), 아니면 하나님의 현존 안에서 우리 자신을 개방하고 복종시키고 겸손하게 하고 경배하며, 하나님이 우리에게 말씀하시는 것을 허락하고 그 다음에 복종하기 위해서 성경에 접근하는가? 우리는 하나님과의 관계를 근원으로 하여 활동하려 하는가, 아니면 우리가 활동하여 하나님과의 관계 안에 들어가려 하는가?

이 문제에 대해서는 더 이상 다루지 않겠습니다. 오늘 30분 정도 홀로 고요히 지내면서 당신과 하나님의 관계에 대해서 하나님이 말씀하려 하시는 것, 당신의 존재의 중심에 이르는 것을 말씀하게 하십시오.

당신의 신앙생활의 주된 방식은 어떤 것입니까? 기능적인 것입니까, 관계적인 것입니까?

제9장

존재와 행위

몇 분 동안 하나님 앞에서 당신의 삶과 관심과 중심 내기에 초점을 두고 기도하십시오. 이 장에서 하나님이 당신에게 행하려 하시는 것을 받아들이십시오.

전능하신 하나님, 우리 존재의 안전한 영역이라고 생각했던 부분에 주께서 침입하여 우리로 하여금 삶과 온전함의 새로운 영역과 깊음에 대해 자신을 개방할 수 있게 해주셨음에 감사드립니다. 주님의 변화시키시는 손길에 우리 자신을 개방할 수 있는 기회를 주시니 감사합니다. 하나님, 우리의 삶에서 주님이 뜻대로 행하시는 것을 허락할 수 있게 도와주십시오. 우리 존재의 중심에서 주님에게 복종할 수 있게 도와주십시오. 예수님의 이름으로 기도합니다. 아멘.

이제 우리는 전인적인 영성 형성을 경험하기 위해서 초점의 변화가 필요한 경험적 요인들의 둘째 분야—존재의 요인과 행위의 요인—를 고찰하게 됩니다. 존재-행위being-doing의 측면과 기능적-관계적 측면 사이에는 밀접한 관계가 있습니다. 그러나 존재와 행위 안에는 보다 깊은 차원, 즉 우리 존재의 깊은 곳을 탐색하는 측면이 있습니다. 기능적-관계적인 요인들은 우리의 존재를 탐색하여 드러내지 않고서 고찰할 수 있습니다. 우리는 단순히 관계를 갖거나 역할을 수행하는 사람입니다. 그러나 존재-행위는 존재의 내적 요인들을 파악하는 것을 필요로 합니다.

존재와 행위에 관한 성경적 관점

신약성경에서 존재와 행위에 가장 초점을 두는 부분은 마태복음 23장 25-28절일 것입니다. 거기서 예수님은 "행위"의 외적 표현과 "존재"의 내적 실체를 강력하게 구분하십니다.

> "화 있을진저 외식하는 서기관들과 바리새인들이여 잔과 대접의 겉은 깨끗이 하되 그 안에는 탐욕과 방탕으로 가득하게 하는도다 눈먼 바리새인이여 너는 먼저 안을 깨끗이 하라 그리하면 겉도 깨끗하리라 화 있을진저 외식하는 서기관들과 바리새인들이여 회칠한 무덤 같으니 겉으로는 아름답게 보이나 그 안에는 죽은 사람의 뼈와 모든 더러운 것이 가득하도다 이와 같이 너희도 겉으로는 사람에게

옳게 보이되 안으로는 외식과 불법이 가득하도다"(마 23:25-28).

바리새인들의 근본 문제는 단순히 하나님과의 관계에 적용된 기능적인 접근 방식이 아니라 "행위"가 하나님이 기대하시는 "존재"의 질을 보장한다는 사상이었습니다. 바리새인들은 하나님과의 올바른 관계 안에 있기 위한 수단으로서 "행위"를 강조했을 뿐만 아니라 하나님이 기대하시는 것이 "되는"being 수단으로서의 "행위"를 강조했습니다. 빌립보서 3장 4-6절에 기록된 바 바리새인으로서의 바울의 "행위"의 기도를 살펴봅시다. 그 구절은 "율법의 의로는 흠이 없는 자라"는 자랑으로 끝납니다. 안타깝게도 우리는 교회 공동체 안에서 바리새인보다 더 진보하지 못했습니다. 우리도 "해야 할 일들"과 "하지 말아야 할 것들"의 다양한 목록을 작성합니다. 이제 우리는 신자, 즉 기독교인이 되어 중생했으므로 "그것들"을 하지 말고 대신에 '이것들'을 해야 합니다. 우리는 새 신자들에게 "해야 할 것들"과 "하지 말아야 할 것들"의 새 목록을 제공하면서 "만일 당신이 선한 기독교인이라면, 의무를 행하고 금지된 것을 행하지 마십시오. 그렇지 않으면 곤경에 빠집니다"라고 말합니다.

이처럼 기능에 기초를 둔 가르침이 지닌 문제는 해야 할 의무를 행하고 금지된 것을 행하지 않으려는 진지한 사람들이 즉시 자신이 그러한 목표를 성취할 수 없다는 것을 발견한다는 것입니다. 로마서 7장 15-25절에서 바울이 이러한 좌절과 씨름합니다. 제4장에서 살펴본 바와 같이 이 구절에 관하여 성경학자들의 의견은 다양합니다. 어떤 학자들은 이것이 바울이 기독교인이 되기 전의 일이라고 주장합니다. 대부분의 신자들은 기독교인이 된 후 바울이 묘사한 것과 같은 것을 경험했다는 데 동의할 것입니다. 우리는 선을 행하려 하지만 바울처럼 자신이 미워하는 일을 행하고 있음을 발견합니다. 우리는 하나님이 공표하시는 "말"인 우리가 해야 할 일을 행하려 하지만 우리의 뒤틀린 말이 크게 소리치고 있음을 발견합니다. "오호라 나는 곤고한 사람이로다 이 사망의 몸에서 누가 나를 건져내랴"(롬 7:24). 이 무정한 현실은 우리의 관심을 "행위"가 아닌 "존재"에 두게 합니다. 우리는 자신의 실패가 "행위"의 차원에 있는 것이 아님을 감지합니다. 바울이 말한 것처럼 우리의 내면 깊은 곳에 그리스도의 제자로서 우리가 원하는 것을 행하지 못하게 방해하는 것이 있습니다.

존재와 행위에 둔 예수님의 초점

예수님의 지상명령은 존재와 행위를 참된 관계 안에 둡니다. 예수님은 "모든 계명 중에 첫째가 무엇이니이까?"라는 질문을 받고서 "네 마음을 다하고 목숨을 다하고 뜻을 다하고 힘을 다하여 주 너의 하나님을 사랑하라"고 대답하셨습니다(막 12:30). 여기에서 예수님은 몇 가지 통찰을 주시는데, 그것들은 존재와 행위와 관련됩니다. 필자는 정보 습득적-형성적 방식과 기능적-관계적 방식을 다룰 때처럼 "존재"가 가장 중요한 것이고 "행위"는 아무것도 아니라고 말하려는 것이 아닙니다. 우리의 영성 형성은 존재와 행위의 균형을 이루는 일이지만 초점, 즉 주된 요소는 존재입니다. 이것이 지상명령에서 발견되는 것입니다.

예수님은 우리 각 사람에게 "마음을 다하고 목숨을 다하고 뜻을 다하고 힘을 다하여 주 너의 하나님을 사랑하라"고 말씀하십니다. 이 명령의 가장 바깥의 층에서부터 거꾸로 살펴 들어가고 싶습니다. 힘을 다하여 하나님을 사랑하는 것은 어떤 것입니까? 성경적으로 우리의 "힘"은 우리의 생활방식입니다. 그것은 우리의 행실입니다. 그것은 우리와 이웃의 관계, 그리고 삶의 사건들과 상황들의 상호작용 안에서 이루어지는 우리 존재의 외적 표현입니다. 따라서 힘을 다하여 하나님을 사랑한다는 것은 우리의 삶을 하나님의 표준, 또는 하나님의 표준이라고 언급된 것에 일치시키려 하는 것입니다. 우리는 하나님을 사랑하는 사람들이 행해야 하는 것을 행함으로써 힘을 다하여 하나님을 사랑하려고 노력합니다.

예를 들어 우리는 "행해야 할 것들"의 목록을 작성하면서 원수를 사랑해야 한다는 것을 발견합니다. 우리가 잠시 그것을 목록에 삽입하기를 주저할 수 있지만, 그것은 원래 그 목록에 포함되어 있는 것입니다. 우리는 선한 기독교인이 되며 힘을 다하여 하나님을 사랑하기를 원하기 때문에 "원수를 사랑하라"는 항목을 "행동" 목록에 삽입합니다. 물론 우리의 원수와 같은 원수를 가진 사람은 없습니다. 우리의 원수는 심술궂은 옆집 사람, 밉살스러운 동료, 용납할 수 없는 상사, 숨 막히게 하는 교인 등입니다. 그러나 우리는 그들을 사랑해야 합니다. 그렇기 때문에 우리는 그들을 "사랑하기" 시작합니다.

우리는 그들 가까이에 있을 때에 자주 미소를 짓습니다. 그들과 함께 있을 때 "행복하기" 시작합니다. 우리는 온화하게 그들에게 말하고, 그들의 "허튼 소리"를 참고 듣습니다. 우리는 그들을 "사랑하고" 있지만, 내내 "이 사람을 다시는 만나지 않았으면 좋겠다"라고 생각합니다. 이러한 내면의 생각은 우리가 먼저 뜻을 다하여 하나님을 사랑하지 않는 한 진정으로 힘을 다하여 하나님을 사랑할 수 없다는 것을 드러내줍니다. 본질적으로 우리의 생활방식은 우리의 세계관, 전반적인 지각의 틀의 표현입니다. 따라서 힘을 다하여 하나님을 사랑하려면, 진실로 "해야 할 일"을 행하고 "하지 말아야 할 일"을 행하지 않으려면 뜻을 다하여 하나님을 사랑해야 합니다.

우리는 뜻을 다하여 하나님을 사랑하려고 노력하기 시작합니다. 우리는 자신의 교리를 하나씩 실천하기 시작합니다. 우리는 잘못된 것과 혼란해진 것들과 모든 것을 신학적으로 바로잡습니다. 우리의 성경 지식은 건전하고 정통적입니다. 우리는 "모든 생각을 사로잡아 그리스도에게 복종시키려" 합니다(고후 10:5). 심지어 "원수"에 대해서도 사랑스런 생각과 태도를 취하려고 노력합니다. 우리는 자신의 신학을 실행에 옮기지만, 우리가 뜻과 힘을 다하여 하나님을 사랑하려고 노력해도 내면에서 뜻과 힘을 다하여 하나님을 사랑하는 것에 역행하는 감정이 솟아오릅니다. "원수"에 대한 감정과 욕망과 충동이 우리의 생각들을 지배하게 되고, 우리는 "하지 말아야 할 일을 행하며" 어떤 식으로든지 원수에게 폭언을 퍼붓습니다. 우리는 목숨을 다하여 하나님을 사랑하지 않는 한 뜻과 힘을 다하여 하나님을 사랑할 수 없다는 것을 발견합니다.

성경적으로 목숨soul은 우리의 의지와 관련된 것입니다. 그것은 일반적으로 우리의 의지와 동등시 될 수 있습니다. "목숨"의 범위는 그보다 넓지만 이 단순한 정의는 우리가 말하려는 요지를 적절하게 예증해 줍니다. "사람이 자신의 뜻과 다른 것을 믿게 된 후에도 여전히 같은 견해를 소유한다"라는 말을 들어본 적이 있습니까? 이 옛 속담은 정신이 의지와 목숨의 지배를 받는다는 것을 정확하게 드러내 줍니다. 또 "나와 사실들을 혼동하지 말라. 나는 결심했다"라는 말도 있습니다. 이 태도는 정신과 관계가 없습니다. 그것은 뜻과 관련된 문제입니다. 우리가 진실로 받아들이려 하지 않는 것의 진실성을 나(자신의 정신)에게 납득시킬 수 없습니다. 우리의 뜻이나 목숨soul이 정신의 자세를 결정하며 우리의 정신은 행동의 경로를 결정합니다. 따라서 우리는 원수를 사랑하려는 뜻을 가지려 합니다. 그러나 이처럼 어려운 일을 행하려 할 때 우리 자신의 방법으로, 우리가 정한 때에 우리의 계획에 적합한 방법으로 행하려 한다는 것을 주목해본 적이 있습니까? 우리의 자기 지향적인 행위는 우리에게 더 나아가야 할 차원이 있음을 드러내 줍니다. 예수님은 마음을 다하여 하나님을 사랑하라고 말씀하십니다.

우리는 하나님의 뜻(의지)을 바랄 수는 있지만 마음을 복종시키지는 않습니다. 내 인생을 위한 하나님의 뜻을 바랄 수는 있지만, 그것을 나에게 편리한 때에 내 방식대로 나에게 적합한 상황에서 행하려 할 수 있습니다. 마음을 복종시키지 않고서도 정직하고 진지하게 하나님의 뜻대로 행하기를 원할 수 있습니다. 이런 까닭에 목숨이나 의지를 초월하는 또 다른 차원이 있습니다. 원하는 "나 자신"이 있습니다.

이런 까닭에 예수님은 지상명령을 마음에서부터 시작하십니다. 마음은 의지적인 존재인 자신, 원하는 자신입니다. 그러므로 어떤 상황에서든지 의지의 첫 움직임은 자신에 대한 지배력을 상실하지 않으면서 하나님의 뜻을 행하려는 것이 아니라 세상에서 자신이 근본적으로 하나님께 쓰임이 되기를 원하는 것이 되어야 합니다. "원수"와 관련하여 생각하면 이것은 원수를 위하여 우리의 존재를 하나님께 복종시키며 하나님을 위하여 우리의 존재를 원수에게 복종시키는 것입니다. 이것이 예수께서 주를 위하여 목숨을 버리는 것, 자기를 부인하는 것, 날마다 자기 십자가를 지는 것에 대해 말씀하시면서 의미하신 복종입니다. 이것은 우리가 왜곡된 말인 우리 자신을 버리고 하나님이 이웃을 위해 존재하도록 공표하시는 "말"이 되기 시작하는 단계입니다.

우리의 마음-목숨의 차원은 존재being의 상태로서 거기에서 우리의 행위가 흘러나옵니다. 예수님은 마음과 목숨과 뜻과 힘의 관계 안에서 우리의 영적 구조를 묘사하실 뿐만 아니라 우리의 존재 안에 있는 흐름의 방향을 드러내 주십니다. 예수님은 이렇게 말씀하셨습니다.

> "무엇이든지 밖에서 사람에게로 들어가는 것은 능히 사람을 더럽게 하지 못하되…속에서 곧 사람의 마음에서 나오는 것은 악한 생각 곧 음란과 도둑질과 살인과 간음과 탐욕과 악독과 속임과 음탕과 질투와 비방과 교만과 우매함이니 이 모든 악한 것이 다 속에서 나와서 사람을 더럽게 하느니라"(막 7:15, 21-23).

우리의 행동은 궁극적으로 우리의 존재로부터 흘러나옵니다. 그렇기 때문에 우리는 "해야 할 것을 행하고 하지 말아야 할 것을 하지 않는 데" 있어서 어려움을 겪습니다. 우리의 기독교적인 행동이 외부로부터 부과된 하나의 구조가 될 때 그것은 필연적으로 내면으로부터 흘러나오는 존재의 원동력들에 의해 저지될 것입니다. 내면적으로 비틀린 존재인 "말"이 우리가 "행하려" 하는 말의 외적 강요를 제지할 것입니다.

영성 형성은 우리의 존재를 그리스도의 형상으로 만드는 것, 하나님의 말씀에 의해서 우리의 "말"을 만드는 것입니다. 우리의 행위는 이 과정에 포함됩니다. 이에 대해서는 다음 장에서 다루게 됩니다.

하나님과 함께 하는 성경적인 경험의 본질

하나님과 함께 하는 성경적 경험의 여섯 가지 측면은 앞에서 고찰해온 것들을 종합하며 영성 형성에서의 성경의 역할과 이것들의 관계에 초점을 두는 데 도움이 됩니다.

첫째, 성경의 메시지는 인간 실존의 사건들 속에 추상적으로 개입하시거나 단순히 존재의 근저로서 개입하시는 하나님이 아닌 공격적이고 파괴하는 방식으로 개입하시는 하나님을 깊이 있게 묘사합니다. 하나님의 말씀은 삶의 한복판에, 즉 역사를 통한 인류의 삶과 우리의 개인적인 삶 속에 분출해 들어옵니다.

둘째, 우리의 관점에 흠이 많기 때문에 하나님의 말씀은 파괴적입니다. 우리는 철저히 자기 중심적인 존재의 틀에 의해서 세상을 보는 거짓된 자아들이 되었습니다. 우리는 하나님과의 관계 및 자신의 존재의 실체와 상충되는 목적(기능적인 것, 행위)을 성취하려 하거나 자신의 노력에 의해서 하나님 및 우리 존재와의 참된 관계와 일치하는 목적을 성취하려 합니다. 이처럼 삶에서 정보 습득적이고 기능적이고 행동 중심의 방식들을 중요하게 여기는 것은 하나님의 뜻보다 우리의 뜻을 우선시하려는 욕망의 결과입니다. 이러한 방식들은 거짓 자아의 본질적인 특성입니다. 하나님의 뜻을 추구하려면, 형성적이고 관계적이고 존재 중심의 방식을 영성 형성의 우선적인 초점으로 삼아야 합니다.

셋째, 공격적이고 파괴적인 하나님의 말씀은 우리 존재의 깊은 곳까지 뚫고 들어오십니다. 그것은 우리의 정체성, 심지어 거짓된 정체성의 중심에서 우리에게 말을 건네십니다. 우리의 개인적인 자유, 우리가 거짓 자아의 파괴적인 속박 속에 자신을 가두기 위해서 악용해 온 자유의 본래 모습 안에서 우리를 만나십니다. 우리에게 거짓 자아를 포기함으로써 참 자유를 얻으라고 말씀하십니다. 하나님의 말씀은 거짓 자아를 상실함으로써 참된 정체성을 얻으라고 말씀하십니다. 우리는 존재의 내면의 귀로 하나님의 말씀을 듣는 법을 배워야 합니다. 하나님 말씀의 부르심은 존재의 차원, 특히 우리가 습관적으로 실천해 온 피상적이고 정보 습득적인 경청 방법과 반대되는 형성적이고 관계적인 영성 형성 방법의 필요성을 드러내 주십니다.

넷째, 살아 있고 활력이 있는 하나님과의 만남에서 우리가 전능하신 힘에게 맹목적으로 복종해야 하는 종들이 아님을 성경은 드러내줍니다. 우리는 하나님의 자유에 응답할 수도 있고 응답하지 않을 수도 있습니다. 이 자유가 언약 관계의 본질입니다. 이 하나님은 우리를 향해 문을 여시며, 우리도 그에 보답하여 우리 자신을 바칩니다. 이 상호작용은 기능적인 차원이 아닌 관계적인 차원에서, 행위의 차원이 아닌 존재의 차원에서 우선적으로 발생해야 합니다. 그 관계의 본질은 정보 습득적인 것이 아닌 형성적인 것입니다.

다섯째, 신약성경은 예수 안에서 이루어진 옛 언약의 완성, 하나님의 법이 자의적으로 도입된 외적인 구조가 아니라 하나님과의 사랑의 관계 안에 있는 인간적 온전함의 심오한 실체라는 선지자들의 예언의 성취를 드러내 줍니다. 이 관계는 기능적이고 행동적인 원동력이 된 율법으로부터의 해방입니다. 하나님과 더불어 올바른 관계를 유지하는 것은 율법의 요구를 행하는 것에 의존하며, 또 그것에서부터 파생되었습니다. 이제 더 이상 육체를 따라 살지 않고(율법에 순종함으로써 하나님과의 관계를 확보하려고 노력하지 않고) 성령(사랑의 관계에서 흘러나오는 순종)을 따라 사는 사람에 의해서 율법의 의로운 요구가 성취될 수 있습니다(롬 8:4).

여섯째, 신약성경은 말씀이 육신이 되신 것(요 1:14), 하나님이 인간의 삶 속에 완전히 들어오신 것을 드러냅니다. 인간과 하나님의 관계는 냉담한 신의 법적인 요구에 의해 구축되는 것이 아니라 우리 존재의 깊은 곳에서 개인적인 관계의 친밀성에 의해 구축됩니다. 우리의 죄의 중심, 하나님으로부터의 소외, 우리 자신의 자아로부터 소외된 곳에 하나님의 말씀이 주어집니다. 말씀은 율법적인 행동이 아니라 우리로 하여금 죽음과 부활, 즉 관계적 실체들 중 가장 심오한 것들 안에서 하나님을 알게 하는 부르심에 의해서 용서와 화해와 변화를 이야기합니다. 그러나 이것은 거짓 자아, 즉 정보 습득적이고 기능적인 것, 행위가 우위를 차지하는 삶의 죽음을 요구하는 부름입니다. 참 자아의 특징은 형성적인 것, 관계적인 것, 존재, 하나님 중심의 실존 생활, 하나님의 말씀에 의해 형성되는 삶, 이웃의 삶 속에 존재하도록 공표하시는 말인 삶이 우위를 차지한다는 점입니다.

성경이 그러한 변화시켜 주는 하나님과의 만남의 장소가 되려면 하나님의 말씀이 우리가 그리스도의 형상과 닮지 않은 곳에서 우리를 탐색하신다는 깨달음을 가지고 성경에 접근해야 합니다. 성경은 단순히 우리의 상태를 알려주거나(정보 습득적) 이루어야 할 변화들의 목록을 제공함으로써(기능적) 우리의 거짓 자아를 탐색하는 것이 아니라, 우리가 그리스도의 형상으로 지음을 받기 위해서(형성적) 근본적으로 우리 자신을 하나님께 맡기라고(관계적) 초대합니다.

만일 우리가 정보 습득적으로, 기능적으로, 행동의 차원에서 성경을 읽는다면, 성경은 우리의 삶에서 통찰하고 드러내주는 능력을 소유하지 못할 것입니다. 정보 습득적, 기능적, 행동 중심으로 성경에 접근하는 방식은 우리를 하나님의 말씀이 가져다 주는 깨달음과 드러냄에 이르지 못하게 합니다. 우리는 우리의 "말"의 천해진 본질 안에 있는 문제점이 자신이라는 사실을 대면하려 하지 않습니다. 우리는 자기 안에 있는 근본적인 구분들과 모순들을 인정하려 하지 않습니다. 성경에 접근하는 데 있어서 훈련을 받아 형성적인 방법, 관계적인 방법, "존재"being 중심의 방법을 채택할 때 성경이 살아 있는 하나님의 말씀이 될 수 있습니다. 하나님이 세상에서 우리에게 존재하라고 공표하시는 것을 방해하는 삶의 깊은 곳에 하나님의 말씀이 관통해 들어오실 것입니다.

마지막으로 우리가 자신의 거짓 자아, 제멋대로 왜곡된 우리의 "말"을 삶을 위해 의지할 기본 구조로 여겨 그것에 매달릴 때 자동적으로 정보 습득적, 기능적, 행동 중심의 실존 방식을 강조하게 됩니다. 우리는 자기 발생적 구조물, 속이 빈 조개껍질, 거짓 자아의 허구를 유지하고 장려하며, 그 허구를 드러내려고 위협하는 사람이나 사물에 맞서 그것을 옹호하기 위해 노력하는 빈 껍질이 됩니다. 여기에 가장 파괴적인 기능적 방식, 가장 가치를 저하시키는 행동 방식이 있습니다. 인간 문화의 가치관과 관점들은 이러한 사물의 외관 안에서 우리를 지지해 줄 뿐만 아니라 공허한 존재들, 거짓 자아들로 이루어진 문화의 거짓됨을 드러낼 가능성이 있는 모든 것을 방해합니다. 영성 형성을 시도할 때 우리는 자신이 속해 있는 병든 사회의 표현들인 자신의 존재의 실체들을 직면합니다. 우리는 우리를 불구로 만들며 하나님이 존재하도록 공표하시는 말을 왜곡하는 것들 안에서 형성되어야 합니다.

이제 우리는 영성 형성의 중심점에 이릅니다. 우리의 문화적 적응은 "우리의 온전함을 위해 필요한 것은 더 많은 것을 우리가 있는 곳에 가져오는 것"이라는 원리에 따라 작용하는 지각적이고 경험적인 존재 방식(이것은 우리를 우리가 원하는 곳으로 이동시켜 줄 것이다)으로 우리를 이끌어가는 경향이 있습니다. 만일 우리가 처리해야 할 더 많은 정보, 활동할 때 사용할 더 많은 기술, 행해야 할 더 많은 "행동"을 획득한다면 우리는 자신을 보다 온전한 수준으로 이동시킬 것입니다. 우리는 되도록 고통이나 불편함이 없이 우리를 현재 머물고 있는 곳에서부터 우리가 가고 싶어 하는 곳으로 데려갈 영성 형성에 관한 정보, 기술이나 방법을 구하는 경향이 있습니다.

우리는 신약성경의 영원한 생명Life이라는 측면을 너무 강조해 왔기 때문에 죽음death의 측면과 맞붙는 것을 회피해 왔습니다. 우리는 영원한 생명이 유한한 우리의 생명이 아닌 죽음에서 온다는 사실을 회피해 왔습니다. 우리는 자신의 생명에서 영원한 생명을 끌어내려고 노력하면서 자신의 실존의 낡은 요인들에 대해 죽어야 할 필요성, 우리 존재의 깨진 상태를 포기해야 할 필요성, 우리를 비꼬이게 하고 불구로 만들고 왜곡시키는 것들로부터 벗어나야 할 필요성을 회피해 왔습니다. 정보 습득적인 것, 기능적인 것, "행동"을 강조하는 것은 우리의 유한한 생명에서 영원한 생명을 끌어내려는 시도입니다. 그러나 형성적이고 관계적인 "존재"는 하나님으로 하여금 우리를 영원한 생명이 출현하는 근원인 죽음으로 인도하실 수 있게 해줍니다.

만일 성경이 우리 삶에 대한 살아 있는 하나님 말씀의 침입이 되려면, 만일 성경이 하나님의 말씀이 우리의 존재에게 말을 건네시는 지점이 되려면, 만일 성경이 우리의 삶에서 변화를 이루는 말씀과의 만남의 장소가 되려면 우리에게 존재-행위, 또는 기능-관계의 경험적인 방법의 변화뿐만 아니라 근본적인 지각의 변화가 필요합니다. 이 기본 원리를 토대로 하여 다음 장에서는 영성 형성에서 성경이 발휘하는 역할에 대해 생각해 보려 합니다.

제4부

영성 형성에서 발휘되는 말씀의 능력

제10장

껍질 깨기

이 장에서는 영성 형성에서 성경이 발휘하는 역할을 다루려 합니다. 앞에서 영성 형성에서 성경이 지니는 몇 가지 측면에 대해 다룬 바 있습니다. 성경은 하나님이 우리로 하여금 세상에 존재하도록 공표하시는 "말"word을 형성하는 하나님 말씀의 도구입니다. 성경이 이 콘icon이 되려면, 실재자에게 들어가는 문이 되려면 우리는 형성적인 방법으로 성경에 접근해야 합니다. 그렇게 함으로써 흠이 있는 우리의 "말"이 하나님의 때에 속한 실존으로 이끌려 들어가며, 하나님에 의해 세상에 존재하도록 공표되는 "말"이 됩니다. 또 성경은 관계적-행위의 차원에서 우리에게 말을 건네는데, 이 차원에서 우리 삶의 기능적-행동의 측면들이 표출됩니다. 지금까지 다루어온 내용을 통해서 이러한 개념이 어느 정도 당신의 지각과 경험 안에 뿌리를 내렸기를 바랍니다. 당신이 완전히 새로운 요소들, 또는 최소한 새로운 요소들의 가능성 안에서 자신의 영성 형성에서 성경이 발휘하는 역할을 이미 파악했기를 바랍니다.

영성 형성에서의 성경의 역할을 고찰하기 전에 먼저 영성 형성이 지닌 세 가지 측면을 살펴보아야 합니다. 첫째는 "껍질 깨기"요, 둘째는 영성 훈련이요, 셋째는 육성적 성장입니다.

껍질 깨기

영성 형성의 첫째 측면은 내가 "껍질 깨기"라고 부르는 것입니다. 스코틀랜드의 위대한 소설가요 시인이요 기독교 저술가인 조지 맥도널드George MacDonald는 C. S. 루이스의 회심에 큰 영향을 미친 인물로서 『어느 늙은 영혼의 일기』 Diary of an Old Soul에 다음과 같이 썼습니다.

> 내 삶은 매일 아침 나를 둘러싸고 새롭게 만들어진 자아의 껍질을 깨야 합니다. 그리하면 주님의 성령의 바람이 불어 들어와 나에게서 어둠을 몰아내며, 영혼이 잠에서 깨어나기 전에 그물에 걸려들어 나태하게 누워 뱀의 말을 듣게 만들려고 마귀들이 육으로부터 자아낸 거미줄을 찢어버리실 수 있습니다.[21]

우리는 습관들과 태도들과 인식들의 복합 구조, 개인적인 관계와 집단적 관계의 원동력들의 구조, 세상에 대한 반작용과 반응 패턴들의 구조를 만들고 유지하고 방어합니다. 이 복합 구조가 우리로 하여금 삶에 대처할 수 있게 해줍니다. 그러나 이 구조 역시 우리를 가두고 제한하는 거짓 자아의 "계속 두꺼워지는 껍질"이 됩니다. 그것은 하나님이 우리로 세상에 존재하도록 공표하시는 "말"을 천하게 만듭니다. 그것은 우리가 성장하여 온전하게 되는 것을 방해하고, 살아 있는 하나님의 말씀에 의해 형성되는 것을 저지합니다.

이 "자아의 껍질"의 실체는 문화에 의해서 우리 안에 새겨진 삶의 지각적이고 경험적인 측면에 초점을 두게 합니다. 그러한 지각적이고 경험적인 요소들이 자아의 껍질을 이루는 주된 요소들입니다. 만일 우리가 자신을 하나님에 의해 공표된 "말"로 간주하지 않는다면, 우리의 자아상은 스스로 만들어낸 허울, 즉 거짓 자아의 껍질에 불과할 것입니다. 이 자아는 세상에서 그를 만나 주시는 하나님의 조성하시고 변화시키시는 현존을 받아들이고 응답하기보다 그 허울을 유지하기 위해서 정보 습득적이고 기능적인 원동력을 사용함으로써 세상을 멀리하고 조정하도록 요구되는 것을 발견합니다.

이 거짓 자아는 정보를 얻기 위해서 성경을 대하며, 성경 안에서 자아를 만나시는 살아 있고 활력이 있는 하나님의 말씀을 받아들여 응답하기보다는 자신의 허울, 특히 종교적인 허울을 유지하고 지탱하기 위해서 기능적으로 성경을 사용합니다. 이 자아는 자신이 만든 세상에서 사는데, 그곳에서 그가 행하는 것들은 그리스도 안에 있는 하나님의 새로운 존재의 질서(이것이 참 자아와 온전함의 모체이다)를 받아들이고 응답하기보다는 그 허울을 유지하고 통제하기 위해 고안됩니다. 자아의 껍질은 우리 문화와 우리의 삶 속에 팽배한 정보 습득적이고 기능적이고 행동 중심의 존재 방식에 의해 발달되고 유지되고 보호됩니다. 이 요소들은 특히 우리가 삶을 자기 방식대로 다룰 수 있게 하는 데 적절합니다. 이 요소들을 사용함으로써 삶을 우리의 방법으로 규제하고 지배하는 태도가 촉진됩니다.

우리를 온전하게 만들기 위해서 자아의 껍질에 예속된 상태에서 해방시켜 주시는 것이 하나님이 우리의 삶에서 행하시는 주된 은혜의 역사임을 나는 깨달았습니다. 하나님은 완전히 새로운 습관과 태도와 지각 등의 구조, 개인적인 관계와 집단적인 관계의 구조, 세상에 대해 반응하고 반작용하는 패턴의 구조를 우리 안에 창조하려 하십니다. 이 새로운 구조는 그리스도를 닮은 것입니다. 하나님은 껍질을 깨려 하십니다.

앞에서 자아의 껍질을 대신할 성경적 대안들에 대해 고찰한 바 있습니다. 우리가 하나님에 의해서 세상에 공표된 "말"이라는 것, 우리의 말이 살아 있는 하나님의 말씀에 의해서 온전하게 지음을 받는다는 것, 그리고 살아 있는 하나님의 말씀이 특히 성경 안에서 우리를 만나 주신다는 것을 발견했습니다. 그리고 성경이 성상학적이라는 것도 살펴보았습니다: 성경은 그리스도 안에 있는 새로운 존재의 질서 (하나님의 때에 속한 실존)와 통하는 지각과 경험의 창문을 열어줍니다. 이 모든 성경적 대안들이 자아의 껍질을 깨는 데 도움이 됩니다.

또 자아의 껍질의 활동적 측면들도 고찰했습니다. 성경에 설명된 관계적·형성적·존재 중심의 실체들은 자아의 껍질이 그 허울을 유지하고 옹호하는 데 사용하는 바 정보 습득적·기능적·행동 중심 방법의 제멋대로 수정하고 왜곡하고 가치를 저하시키는 파괴성에 역행한다는 것을 발견했습니다.

영성 형성 과정의 핵심은 자아의 껍질을 깨며 그리스도의 형상 안에 있는 새 창조를 낳는 과정—우리의 비틀린 말을 깨고 하나님이 세상에 존재하도록 공표하시는 말을 낳는 것—입니다. 중요한 질문은 "어떻게 껍질을 깨는가?"입니다. 정확하게 말하자면 "어떻게 하면 하나님이 껍질을 깨시는 것을 허락할 수 있는가?"입니다. 어떻게 해야 그리스도의 형상과 일치할 수 있습니까? 이 과정에서 우리의 책임은 무엇이며, 하나님의 책임은 무엇입니까? 그 대답이 영성 형성에서 고찰해야 할 두 번째 요점인 영성 훈련입니다.

영성 훈련[22]

영성 훈련은 하나님의 때에 따른 실존의 기본 리듬 중 하나입니다. 우리의 지각과 경험의 초점이 영성 형성 지향으로 변화되었기를 바랍니다. 우리가 지금까지 모든 일을 성공적으로 처리해 왔다고 기대하지는 않습니다. 그러나 지금 우리는 영성 형성이 정보 습득적인 존재 방식보다는 형성적인 방식과 관계가 있다는 것, 그것이 우리가 내면에서 변화를 이루어내는 데 사용할 수 있는 정보의 수단이 아니라 하나님의 말씀에 의한 형성의 수단이라는 것을 깨닫고 있을 것입니다. 영성 형성이 기능적이고 행동 지향적인 것이 아닌 관계적이고 존재 지향적이라는 것을 깨닫기를 바랍니다. 영성 형성은 자기 개선을 위한 방법이나 기법이나 프로그램이 아니라 하나님과의 사랑의 관계이며, 그 관계가 우리의 존재를 형성해 줍니다.

영성 훈련은 우리가 하나님의 은혜의 수단으로서 하나님께 바치는 것입니다. 그것은 우리의 삶에서 하나님의 목적에 사용되기 위해 하나님께 사랑으로 순종하는 행동입니다. 하나님이 원하시는 일이기 때문에 우리의 삶에서 하나님이 사용하시는 수단으로 바친다면, 우리가 행하는 모든 것이 영성 훈련일 수 있습니다. 우리가 자신의 행동을 하나님께 바치고 우리의 삶 속에서, 우리의 삶을 통해서 하나님이 원하시는 일을 행하시기 위한 수단으로서 계속 바치고 또 바칠 때 "행위"는 "존재"가 됩니다. 이렇게 자아를 바치는 일은 우리 자신을 더 선하게 만들거나 하나님이나 이웃에게 감명을 주기 위해서 행하는 것이 아니기 때문에 우리가 행하는 것이 기능적인 것에서 해방됩니다. 그것은 영성 훈련, 하나님이 원하시는 대로 사용되기 위해서 하나님께 바치는 것입니다. 실제로 참된 영성 훈련에는 우리의 자아를 하나님께 바치는 것이 수반됩니다. 스스로의 계획에 따라서 스스로를 변화시키기 위해서 훈련을 행하려 하는 거짓 자아가 포기되고, 하나님께 지배권을 양도합니다.

자신이 영성 훈련을 하고 있는지를 시험해 볼 수 있는 방법을 제시해 보겠습니다. 당신은 어떤 일을 하나의 훈련으로서 하나님께 바치는데 날마다, 여러 주일, 여러 달, 여러 해 동안 계속 그것을 바쳐 하나님이 나의 삶에서 원하시는 방식으로 사용하시게 하려 합니까? 만일 그렇다면 당신의 형성을 흉하게 만드는 문화와 거짓 자아의 원동력들의 중심을 뚫고 들어갈 영성 훈련을 시작하고 있는 것입니다.

우리 문화가 지닌 또 다른 유해한 측면은 순간적인 욕구 충족의 강조입니다. 우리는 투자에 대한 즉각적인 보상을 원합니다. 우리는 자동판매기에 동전을 투입한 후 동전이 떨어지는 소리가 사라지기도 전에 원하는 물건이 떨어지기를 기대합니다. 물건이 나오지 않으면, 자판기를 발로 찹니다. 영성 훈련을 하면서도 자주 이와 동일한 행동을 합니다. 우리는 동전 투입구에 자신의 훈련을 집어넣고 즉시 복이 나오기를 기대합니다. 그렇지 않으면 하나님을 쾅쾅 치기 시작합니다. 우리는 하나님에게 우리의 신실함에 대한 하나님의 책임을 상기시킵니다. "훈련"을 행하는 데 있어서 우리의 몫을 행한 데 대한 하나님의 반응을 요구합니다. 만일 반응이 없으면 "훈련"을 중단하고 다른 훈련을 시도합니다. 우리는 영적 스승이 되어 줄 다른 사람, 다른 집단,

다른 책을 찾지만 자신의 영적 투자에 대한 순간적인 보상을 받지 못합니다.

영성 훈련은 기독교 공동체 안에서 이루어져야 합니다. 이것은 하나님의 때에 속한 실존kairotic existence의 리듬인 공동체에 대해 논의하면서 살펴본 바 있는 사실입니다. 우리는 그리스도 안에 있는 형제자매들의 지원과 격려, 또는 사랑의 징계와 교정을 필요로 합니다. 그들은 우리가 영성 훈련에 불리한 개인적인 원동력들에 직면해 있을 때 훈련을 유지하도록 도와줍니다.[23] 영적 인도자나 영성 형성 그룹이 필요한 또 하나의 이유는 우리가 하나님께 바치는 훈련 중 어떤 것은 하나님이 원하시는 훈련이 아닐 수 있기 때문입니다. 우리에게는 자신이 현재의 상태에 머물러 있는 것을 허락하는 영성 훈련을 채택하려는 경향이 있습니다. 종종 우리는 이러한 자기기만을 분별할 수 없는 상황에 처합니다. 따라서 우리를 위한 하나님의 도구가 될 수 있는 개방적이고 수용적이며 사랑이 많은 영적 인도자나 형제자매들의 지혜가 필요합니다.

여기에서 "그릇되거나 나쁜 영성 훈련이 있을 수 있는가?"라는 문제가 제기됩니다. 어떤 의미에서 보면 모든 것이 영성 훈련이 될 수 있습니다. 만일 우리가 무엇인가를 날마다 꾸준히 하나님께 바치는데도 하나님이 그것을 사용하지 않으신다면, 그것은 진정한 영성 형성을 필요로 하는 매우 중요한 것 중 하나일 수 있습니다. 그것이 무조건적인 신뢰 안에 있는 영성 형성, 하나님께 대한 근본적인 포기의 훈련일 수 있습니다. 만일 우리가 바치는 것을 하나님이 사용하시지 않는다면, 그로 인해 하나님을 찬양하면서 계속 그것을 바치십시오. 우리가 하나님께 요구하는 것이 아니라, 하나님이 원하시는 일을 행하시도록 우리 자신을 복종시키는 것입니다.

정확하게 하나님이 기대하시는 것이 아닐 수 있는 훈련이라도 진정으로 행한다면, 그리고 하나님을 조정하려 하지 않는다면 하나님은 그것을 존중해 주실 것입니다. 그러나 하나님이 우리를 적절하지 않은 훈련에서 끌어내어 우리를 위해 의도하신 훈련으로 이끄실 수도 있습니다. 핵심은 우리가 진실로 자신과 훈련을 하나님이 쓰시도록 하는가의 여부에 있습니다.

성경을 읽는 것은 영성 훈련입니다. 한 가지 문제점은 우리가 성경을 읽으면서 영적으로 건조해지고 자신을 위해서 아무것도 행할 수 없는 것처럼 보일 때 다른 곳에서 영감을 구하려 한다는 데 있습니다. 그리하여 기독교 서적 베스트셀러 목록을 찾거나 최근의 지혜자의 글을 찾습니다. 지금까지 이야기해온 것을 통해서 성경이 우리의 삶에서 하나님의 말씀이 되는 새로운 길이 열렸을 수도 있습니다. 성경 읽기가 하나님이 원하시는 때에 원하시는 방식으로 사용되어야 합니다.

하나님이 "네가 바로다"라고 말씀하셨던 나의 경험을 예로 들어 봅시다. 내가 그 구절을 읽던 시기는 영적으로 건조한 시기였습니다. 나는 출애굽기를 읽고 있었는데 그 방법은 정보 습득적인 것조차 되지 못했습니다. 나는 이미 그 부분을 외우고 있었기 때문에 읽는 시늉만 하고 있었습니다. 그러면서도 충실하게 읽으면서 받아들이려 노력하고 있었습니다. 이윽고 말씀이 내게 임했습니다. 그처럼 오랜만에 하나님의 음성을 듣게 된 이유는 내가 내면 깊은 곳에서 하나님이 말씀하시는 것을 들으면서도 내면의 귀를 닫고 있었기 때문이었습니다. 나는 그러한 종류의 신원 확인을 원하지 않았던 것입니다. 나는 그러한 종류의 죽음의 필요성에 직면하는 것을 원하지 않았습니다.

지금도 나에게는 하나님의 말씀이 임하기를 기다리면서 읽는 성경 본문들이 있지만 아직도 말씀이 임하지 않았습니다. 어떤 구절에 대해서는 죽을 때까지 응답이 오지 않을지도 모릅니다. 읽으면서 아직 내가 말씀을 받을 준비가 되지 않았다는 것을 느끼게 되는 구절도 있습니다. 하나님이 심오한 정화와 형성의 사역을 행하신 후에야 비로소 내가 수용적인 태도로 그 구절들을 읽고 그 안에서 말씀을 들을 수 있게 될 것입니다. 심지어 아무것도 듣지 못할 때에 듣는 자세를 취하는 것이 영성 형성이 됩니다. 그것은 살아 있는 말씀으로부터 응답을 들을 수 있는 지점으로 우리를 인도해줄 하나님의 깊은 은혜의 사역을 받아들이게 해줍니다.

수산 무토Susan Muto는 영적 독서에 대해 저술하면서, 이와 같은 수용적인 방법을 사용하는 사람은 "자신의 헌신과 충성에 대한 보상을 요구하지 않고 하나님을 기쁘시게 하는 일에만 열중합니다. 이같은 내적 동기와 욕망의 정화는 우리의 이해를 초월하는 은혜를 통한 친밀함을 깊게 하는 길을 마련해준다"[24]라고 말합니다. 이러한 포기가 참된 영성 훈련, 특히 영적 독서의 특징입니다. 우리는 하나님께 우리 자신을 맡겨 하나님이 원하시는 일을 하시도록 합니다.

존 웨슬리는 언약의 기도[25]를 하면서 "이제부터 매사에 나를 주님의 뜻에 맡기겠습니다,…나를 주님을 위해 사용되게 하여 주십시오"와 같은 복종의 자세에 초점을 두었습니다. 여기에서 낡은 기능적 방법이 표면으로 끓어 올라옵니다. 우리는 하나님을 위해 분주하고 활동적이고 효과적인 사역자가 되기를 원합니다. 그러나 웨슬리의 기도의 후반부는 "…아니면 하나님을 위해 나를 포기하게 해 주십시오"라고 되어 있습니다. 그와 관련하여 우리는 갈등합니다. "나를 충만하게 해 주십시오." 물론 그렇게 되어야 합니다. "나를 비워 주십시오." 무엇을 비우란 말입니까? 이 언약의 기도의 앞부분은 쉽게 기도할 수 있지만 뒷부분처럼 기도하기는 어렵습니다. 웨슬리는 참된 영성 훈련의 핵심이요 영성 형성에서 성경에 접근하는 방법의 핵심인 포기의 필요성을 지적합니다.

양육적 성장

영성 형성의 두 가지 측면이 껍질을 깨는 것과 영성 훈련이라면, 세 번째 측면은 우리가 성장하여 온전함에 이르는 것입니다. 하나님의 은혜는 자아의 껍질에서 우리를 자유롭게 해주십니다. 그러므로 참된 영성 훈련은 우리의 "말"word이 살아 계신 하나님의 말씀Word에 의해 형성되는 것을 허락하는 것입니다.

양육에 대한 논의는 "방법"에 관한 질문으로 이어집니다. 그러나 가장 깊은 차원에서 기능적인 것과 관계적인 것 사이의 문제에도 직면하게 됩니다. 우리는 "하나님의 말씀이 어떻게 우리를 양육하여 온전함에 이르게 하는가?"라는 질문에 대한 대답을 알고자 합니다. 그 질문에는 "내가 무엇을 해야 하는가?"라는 질문이 포함되어 있습니다. 의식하지 못하는 사이에 기능적-행동 중심의 제자도가 들어옵니다.

바울은 "우리는 그가 만드신 바라"(엡 2:10)고 말합니다. 만일 하나님이 원하시는 방법으로 우리를 양육하기 위해서, 하나님의 방법으로 우리의 자아의 껍질을 깨기 위해서 우리의 영성 훈련을 통해서 하나님이 원하시는 것을 행하시도록 허락하려는 의도를 가지고 참된 영성 훈련을 행한다면, 우리가 통제권을 소유하려 하지 말고 하나님이 원하시는 일을 행하시도록 해야 합니다.

하나님의 말씀은 기본적으로 우리의 순종을 통하여 우리를 양육하여 성장하게 합니다. 그러나 우리가 일종의 영성 훈련으로서 하나님께 순종하는 것이 양육의 비결입니다. 순종은 내가 자신을 하나님의 형상으로 만들기 위해서 행하는 것이 아니라 하나님이 은혜에 의해서 나를 형성하기 위해서 사용하실 수 있도록 말씀에게 순종하는 것입니다. 말씀이 우리에게 말을 건네시고, 우리는 순종합니다. 우리의 존재 안에 있는 것이 순송의 행위와 그 차를 이루지 못하는 지점, 우리의 행위가 우리의 존재에서 흘러나오지 않는 지점에서 하나님의 말씀에게 순종합니다. 우리가 참된 영성 훈련으로서 꾸준히 이러한 순종의 행위로 자신을 하나님께 바칠 때, 무엇을 요구하거나 결정하거나 우리 자신의 계획을 덧붙이지 않고 오직 하나님의 용도를 위한 은혜의 수단으로서 훈련을 행할 때 하나님이 결정하신 시간에 우리는 무엇인가를 발견하게 됩니다. 우리는 자신이 행하는 순종이 하나님이 변화시켜 주신 우리 존재의 유출流出이 되도록 하기 위해 우리의 상태를 변화시키는 성령을 통해서 우리 안에서 역사해 오셨다는 것을 깨닫기 시작합니다. 그 때 우리는 하나님이 존재하도록 공표하시는 "말"이 됩니다.

이 과정에서 통전적인 영성 형성 안에 기능적인 것과 관계적인 것이 함께 흐릅니다. 그러나 우리의 순종을 기능적인 것으로 여기려는 유혹은 항상 존재합니다. 우리는 "주님, 내가 순종했으니 그 보상으로 무엇인가를 기대합니다"라고 말하고픈 유혹을 받습니다. 이러한 자기의 이익 추구는 미묘한 것이어서 슬그머니 우리에게 다가옵니다. 우리는 항상 자아의 껍질이 깨지는 것을 허락해야 합니다. 또 하나의 유혹은 "내가 이것을 행하면, 그것이 나를 변화시켜 줄 것이다. 그렇게 되면 어떤 결과를 얻게 될 것이다"라고 생각하는 것입니다. 그러나 참된 영성 형성에서는 행동의 본질이 참된 제자도의 비결입니다. 그 행동은 하나님께 대한 포기의 행동입니다.

바울은 골로새서 1장 9-10절에서 영성 형성의 변화시키는 힘을 예증합니다. 그는 골로새 교인들이 "하나님의 뜻을 아는 것으로" 채워지기를 기도합니다. 여기에서 "아는 것"이란 지적-정보 습득적인 것만이 아닌 일종의 강화된 지식입니다. 지적-정보 습득적인 것이 포함되지만 경험적인 지식, 살아 있는 하나님의 말씀에 의해 관통되는 경험입니다. 그것은 하나님의 말씀을 듣는 경험입니다.

바울은 그 다음에 "하나님의 뜻을 아는 것으로 채우게 하시고 주께 합당하게 행하여 범사에 기쁘시게 하고 모든 선한 일에 열매를 맺게 하시며 하나님을 아는 것에 자라게 하시고"라고 기도합니다. 하나님의 뜻과의 만남의 목적은 순종입니다. 마지막으로 바울은 하나님의 뜻에 순종한 결과로 "하나님을 아는 것에 자라게 하시고"라고 기도합니다. 이처럼 바울은 하나님의 뜻과의 만남에서부터 하나님의 뜻에 대한 순종, 하나님을 아는 지식에 이르는 영성 형성의 힘을 묘사합니다. 하나님의 뜻에 대한 지식이 그렇듯이, 이것도 경험적-관계적 지식입니다. 그것은 우리의 존재를 하나님의 형상과 일치하게 만드는 것입니다. 그 때 하나님의 뜻 안에 있는 우리의 삶은 우리가 은혜의 수단으로서 하나님께 드리는 순종의 문제가 아니라, 우리 존재의 구조, 사랑으로 하나님께 응답하는 삶이 됩니다. 하나님이 우리 안에 새로운 습관과 태도와 인식의 구조, 개인적인 관계와 집단적 관계의 원동력의 구조, 세상에 내린 빈 8과 반작용의 구조를 육성하시기 위한 은혜의 수단으로서 우리가 행하는 훈련을 사용하신다는 것을 우리는 발견합니다. 하나님은 그리스도의 형상과 일치하는 새로운 구조를 우리 안에 창조하시며, 우리는 하나님이 존재하도록 공포하시는 "말"이 됩니다.

이 양육적 성장 방식의 중요한 특성은 우리가 완전하게 된 후에 하나님이 우리에게 원하시는 것을 행하시는 것이 아니라는 점입니다. 종종 우리가 행하는 것은 우리의 불완전함에 의해서, 낡은 습관과 태도와 인식 구조들에 의해서, 옛 관계의 원동력들에 의해서, 반응과 반작용의 옛 패턴들에 의해서 왜곡된다는 것을 인정합니다. 그러나 우리가 앞으로 나아가면서 점차 하나님께 대한 더 깊은 순종을 추구한다면, 영성 훈련을 삶에서의 은혜의 수단으로서 하나님께 바친다면 하나님은 우리의 잘못을 청산해 주실 수 있습니다. 하나님은 행위의 완전함이 아닌 의도의 완전함, 즉 사랑의 포기 안에서 드리는 순종을 기대하십니다.

우리의 영성 형성에서 발휘되는 성경의 역할은 영성 형성의 기본 요소들(껍질 깨기, 영성 훈련, 양육적 성장)과 뗄 수 없이 결합되어야 합니다. 이 세 가지 요소는 기독교 영성의 심장 박동입니다. 우리가 자아의 껍질을 깨지 않는다면 습관과 태도와 인식들의 옛 구조에, 개인적 관계들과 집단적 관계들의 낡은 원동력들에, 그리고 세상에 대한 반응과 반작용의 낡은 패턴에 갇힙니다. 우리의 내적 존재 안에 하나님의 사역의 변화시키는 능력을 받아들이게 해 주는 참된 영성 훈련이 없으면 영성생활과 성장을 향한 우리의 시도들은 존재의 옛 구조를 유지하고 옹호하거나 자신의 목적에 따라 재구성하려는 기능적이고 지배적인 시도에 불과할 것입니다. 껍질을 깨고 참된 영성 훈련을 주도하지 않는다면 하나님에 의해 양육되어 새로운 존재의 구조로 성장하는 경험을 할 수 없습니다. 성경은 영성 형성의 이 세 가지 기본 요소 안에서 중요한 역할을 합니다.

제11장

웨슬리의 성경 읽기 지침

이 장에서 영성 형성에서 성경의 역할이 지닌 특수하고 실질적이고 방법론적인 측면들을 살펴보겠습니다. 먼저 기도하면서 우리가 함께 하는 이 시간을 하나님이 사용하시게 합시다.

은혜로우시고 사랑이 많으신 하나님, 하나님은 우리의 삶을 어루만져 주시고, 존재의 깊은 차원에서 우리를 열어 주시고 조명해 주시고, 우리의 편협한 곳을 넓게 해주시고, 비틀린 곳에서 우리를 대면해 주시며, 하나님이 존재하도록 공표하시는 말이 되라고 도전해 주시며, 매사에 하나님의 선하신 목적을 위해 일하게 해주시니 감사합니다. 하나님, 이제 성경이 우리의 삶에서 하나님의 살아 있는 말씀이 될 수 있도록 성경에 접근하는 방법에 대해 살펴보려 합니다. 우리를 도우시사 성령의 인도하심을 받아들이게 해 주십시오. 아멘.

성경 읽기를 위한 존 웨슬리의 지침은 우리의 영적 독서가 살아서 통찰하시는 하나님의 말씀과의 만남이 되는 데 필요한 자세를 묘사합니다. 그 지침은 우리를 정보 습득적인 독서에서 형성적인 독서의 차원으로, 읽는 것에 대한 기능적인 반응에서 관계적인 반응으로, 읽는 것을 행위 중심으로 실행하는 데서 존재 중심의 방법으로 실행하는 데로 이동하게 해줍니다. 웨슬리는 그의 지침서를 소개하면서 다음과 같이 제안합니다:

> 하나님의 일을 이해하는 방법은 다음과 같습니다: "밤낮 그것에 대해 묵상하십시오." 그리하면 "유일하게 참되신 하나님과 그의 보내신 예수 그리스도"를 아는 지식을 획득할 것입니다(형성적/관계적). 이 지식이 당신을 인도하여 "그분을 사랑하게 해줄 것입니다. 왜냐하면 그분이 먼저 우리를 사랑하셨기 때문입니다." 즉 "마음을 다하고 목숨을 다하고 뜻을 다하고 힘을 다하여 당신의 주 하나님을 사랑하게 해줄 것입니다"(관계적/존재). …그 결과 당신은 이 책에 묘사된 거룩한 기질들을 경험하면서 온갖 종류의 대화를 할 때 당신을 부르신 분이 거룩하신 것처럼 거룩하게 될 것입니다(존재로부터 흘러나오는 행동).[26]

여기에서 웨슬리는 살아 있는 말씀을 받아들이게 해 주는 성경 접근 과정에 대해 말합니다. 이 방법은 우리를 영성 훈련으로 인도해 줍니다. 이 훈련을 통해서 하나님은 우리를 속박하고 있는 자아의 껍질을 깨뜨리실 수 있습니다. 그리고 이 훈련은 하나님이 우리로 하여금 세상에 존재하도록 공표하시는 "말"word이 될 수 있게 해 주는 말씀 Word의 양육을 낳습니다.

때

말씀Word의 형성을 통해서 하나님이 공표하시는 말이 될 수 있는 방식으로 성경을 읽으려는 사람에게 웨슬리가 행하라고 명한 우선적인 일은 "가능하다면 매일 아침 저녁 그 목적을 위해 사용할 시간을 내라"는 것입니다. 웨슬리는 이 첫째 지침에서 두 가지를 말하는데, 나는 영성 형성에 있어서 성경을 사용하는 데 그 지침을 적용할 것을 권합니다.

첫째, 영성 형성을 하면서 매일 규칙적으로 말씀을 묵상해야 합니다. 우리는 규칙적이고 꾸준한 훈련, 하나의 활동, 우리가 행하는 "기능"으로서 성경 읽기에 착수해야 하지만, 성경을 읽는 것이 형성적이고 관계적인 것이 되려면 그것을 은혜의 수단으로서 하나님께 바쳐야 합니다. 이렇게 바치는 것이 영성 훈련의 핵심이요 중심이요 내적인 원동력입니다. 또한 훈련의 규칙성이 있어야 합니다. 즉 끈질기게 날마다 훈련을 행해야 합니다.

둘째, 웨슬리는 날마다 성경 읽는 시간을 배정해야 할 뿐만 아니라 그 시간이 방해받지 않는 시간이 되어야 한다고 말합니다. 방해받지 않는 시간이라는 표현에는 두 가지 함축된 의미가 있습니다.

첫째로 그 시간이 표면적으로 방해받지 않아야 합니다. 가능하다면 성경 읽는 것이 중단되지 않는 시간, 우리 자신을 말씀에 개방하지 못하게 하는 외적인 공격이 없는 시간이 되어야 합니다. 얼마 동안, 특히 인생의 어느 단계에서는 이것이 불가능할 수 있습니다. 그러나 성경 읽는 시간을 구분하여 배정할 때에 그 시간이 방해받지 않는 시간이 될 것을 목표로 삼아야 합니다.

둘째로 성경을 읽기 위해 배정된 시간이 내면적으로 방해받지 않아야 합니다. 그 시간에는 일상생활의 압박과 문제와 짐을 모두 내려놓을 수 있어야 합니다. 집중하거나 잠잠하고 하나님께만 자신을 개방할 수 있는 시간, 하나님 말씀의 현존 안에 거할 수 있는 시간이 되어야 합니다. 표면적인 독거만 아니란 내적인 독거, 표면적인 침묵만 아니라 내적인 침묵이 필요합니다. 어떤 사람들의 경우에는 이 내적인 집중이 불가능할 수 있지만, 이것이 성경 읽는 시간을 따로 배정하는 데 있어서 우리가 추구하는 이상이 되어야 합니다.

성경 읽는 시간을 배정하는 것은 가능한 한 가장 좋은 시간을 하나님께 드리는 것입니다. 종종 우리는 모든 일을 하고 나서 남는 시간, 삶의 다른 의무들을 모두 행하고 남은 시간을 하나님께 드립니다. 우리는 고갈된 에너지, 쇠퇴한 감정, 하루의 임무를 행하면서 둔해진 정신, 나태한 영을 가지고 하나님께 갑니다. 우리가 성경을 읽을 때 살아 있는 말씀을 자주 만나지 못하는 것이 이상한 일입니까? 성경 읽는 훈련이 불규칙적이고 되는 대로 이루어지는 것이 이상한 일입니까? 우리는 가장 좋은 시간, 우리가 민첩하고 민감하고 생생하고 감동하기 좋은 시간을 하나님께 드려야 합니다. 많은 사람들의 경우에 하루 중 새벽이 이러한 시간이지만, 어떤 사람들의 경우에는 낮이나 저녁일 수 있습니다. 어느 때이든지 성경 읽기 위한 시간을 따로 구분해 두어야 합니다. 하루 중 가장 활발하고 집중력이 절정에 달하는 시간을 하나님께 드려야 합니다. 우리가 인생의 모든 단계에서 항상 가장 좋은 시간을 하나님께 드릴 수 있는 것은 아닐 것입니다. 그러나 가능한 한 가장 좋은 시간을 하나님께 드리려고 노력해야 합니다.

균형

웨슬리의 두 번째 지침은 "시간이 있을 때마다 구약성경과 신약성경을 각각 한 장씩 읽으십시오. 그렇게 할 수 없다면 일부라도 읽으십시오"입니다. 이 지침에는 최소한 세 가지가 함축되어 있습니다.

첫째, 웨슬리는 절제된 훈련, 성경 전체를 규모 있게 통독하는 것에 대해 말합니다. 기독교인들은 신약성경을 읽는 데 초점을 두는 경향이 있습니다. 우리는 종종 구약성경을 "이류" 성경이라고 생각하는 경향도 나타냅니다. 웨슬리는 성경을 읽는 데 균형이 있어야 한다고 상기시킵니다. 구약성경과 신약성경에서 하나님이 우리를 만나 주시는 것을 허락해야 합니다.

둘째, 우리는 영성 형성에 성경을 이용할 때 과거에 유익을 주었던 구절들에게로 돌아가는 경향이 있습니다. 우리를 부요하게 해주었던 구절, 하나님의 말씀을 들었던 구절, 말씀에 의해 형성되었던 구절을 소중히 여깁니다. 우리는 성경의 새로운 부분으로 나아가기보다는 이러한 구절에게로 훨씬 더 자주 끌립니다. 우리가 균형 있는 식사를 하지 않고 한 종류의 음식만 먹으면 몸이 약해집니다. 영적으로 균형을 잃은 식사를 할 때에도 마찬가지입니다. 성경 읽기라는 통전적인 영성 훈련에는 성경 전체를 통독하는 데 사용될 수단이 필요합니다. 균형 있게 성경을 읽는 한 가지 방법은 성구집을 사용하는 것입니다.[27] 성구집은 보통 매일 구약성경 한 곳, 서신서 한 곳, 복음서 한 곳을 읽도록 되어 있습니다. 성구집을 사용하면 2~3년, 또는 그보다 더 오랜 기간 동안 성경의 대부분을 읽게 됩니다.

셋째, 웨슬리는 아주 작은 단위로 성경을 읽어야 한다는 것을 지적하는 듯합니다. 우리가 성경을 읽는 것은 정보를 얻기 위해서가 아니라 영성 형성을 위해서입니다. 여기에서도 성구집이 유익합니다. 성구집은 우리에게 적절한 분량, 보통 약간 적은 분량을 선정합니다. 종종 나는 성구집에서 "허락"하는 것보다 더 많이 읽으려 합니다. 나는

"이야기"에 흥미를 느껴 되도록 빨리 그 이야기 전체를 다루려 합니다. 정보 습득적인 원동력들이 우세한 듯이 보입니다. 그러나 성구집의 훈련에 충실하려면 어쩔 수 없이 그러한 경향을 저지하고 그날 배정된 구절을 깊이 탐구해야 합니다. 나는 본문 앞에서 마음을 가라앉히고 말씀이 말하는 것을 허락하라는 요구를 받습니다. 웨슬리가 한 장이라는 분량을 읽으면서 편안했다는 사실은 그가 정보 습득적인 독서가 아닌 형성적 독서를 염두에 두고 있었음을 지적해 주는 듯합니다.

중심 목적

앞에서 균형있고 형성적인 방법으로 성경을 읽는 수단에 대해 살펴보았습니다. 웨슬리는 세 번째 지침에서 "하나님의 완전한 뜻을 알고 그대로 행하려는 확실한 결심과 성실한 마음으로" 각각의 구절에 접근해야 한다고 지적합니다. 이 중요한 목적이 영성 형성에서 성경에 접근하는 방식의 핵심입니다.

첫째, 웨슬리는 하나님의 완전한 뜻을 알려는 것이 성경을 읽는 목적이 되어야 한다고 말합니다. 우리는 자신의 삶을 위한 하나님의 뜻을 대면하려는 목적을 가지고 성경을 대합니다. 우리는 존재의 모든 차원에서, 관계들의 모든 측면에서 자신이 처한 모든 상황과 모든 행동에서 하나님이 우리를 위해 원하시는 것을 받아들이려는 태도로 성경을 대합니다. 이렇게 집중된 방식으로 성경을 읽음으로써 우리는 삶 전체를 하나님 앞에 가져가며 수용적인 태도로 삶의 모든 일을 위한 하나님의 뜻을 구합니다. 우리는 자신의 습관과 태도와 관점들을 가지고 성경을 읽으려 합니다. 주위 세상에 대해 반응하고 반작용하는 자신의 패턴을 가지고 성경을 읽습니다. 그리고 이러한 분야 중 하나 또는 전체에서 하나님이 우리의 삶에 말씀을 공표하시기를 구합니다. 우리는 "자아의 껍질"을 가지고, 제멋대로 수정된 우리의 "말"을 가지고, 거짓 자아를 가지고 나와서 우리를 온전하게 만들 수 있는 살아 있는 말씀의 말을 들으려 합니다.

둘째, 웨슬리는 우리가 하나님의 뜻대로 행하기로 결심하고 그 뜻을 구해야 한다고 주장합니다. 이 결심이 성경에 접근하는 데 있어서의 핵심입니다. 종종 인생의 어떤 문제와 씨름하는 학생들이 나를 찾아옵니다. 그들은 일련의 복잡한 의무들과 선택할 수 있는 것들과 욕망들을 다루면서 자신이 처한 상황에서 인생을 위한 하나님의 뜻을 분별하려고 노력합니다. 나는 그들에게 항상 "하나님의 뜻이 무엇이든지 이 상황에서 하나님의 뜻대로 행할 준비가 되어 있습니까?"라고 질문하는데, 그들은 보통 그렇다고 대답합니다. 나 자신에게는 하나님께 "무엇이 하나님의 뜻입니까?"라고 질문하는 경향이 있음을 발견했기 때문에 이 시점에서 그들을 깊이 탐구하기 시작합니다. 그러면 선택할 수 있는 여러 가지 중에서 하나님의 뜻이라고 생각되는 것, 가장 좋다고 생각하는 것을 선택할 수 있습니다. 이런 방식으로 하나님의 뜻을 구할 때 천국이 굳게 닫혀 있다는 사실도 발견했습니다.

출애굽기 19장 3-8절은 하나님의 뜻을 행하려는 확고한 의지를 보여줍니다. 모세가 시내 산에 올라갔을 때 하나님이 모세에게 말씀하셨습니다.

> "너는 이같이 야곱의 집에 말하고 이스라엘 자손들에게 말하라 내가 애굽 사람에게 어떻게 행하였음과 내가 어떻게 독수리 날개로 너희를 업어 내게로 인도하였음을 너희가 보았느니라 세계가 다 내게 속하였나니 너희가 내 말을 잘 듣고 내 언약을 지키면 너희는 모든 민족 중에서 내 소유가 되겠고 너희가 내게 대하여 제사장 나라가 되며 거룩한 백성이 되리라"(출 19:3-6).

모세는 산을 내려가서 장로들을 불러 모으고 하나님이 하신 말씀을 전합니다. 7절과 8절 사이에서 장로들이 백성들에게 가서 말하여 그들의 반응을 얻었다고 가정해야 합니다. 왜냐하면 19장 8절에서 백성들이 "여호와께서 명령하신 대로 우리가 다 행하리이다"라고 응답하기 때문입니다. 그런데 하나님이 무엇이라고 말씀하셨습니까? 아무 말씀도 하지 않으셨습니다. 단 하나의 명령, 단 하나의 규칙, 단 하나의 법령도 말씀하지 않으셨습니다. 하나님은 그들이 순종하면 하나님이그들의 하나님이 되고 그들은 하나님의 백성이 될 것이라고 말씀하셨습니다. 이것은 하나님의 뜻에 대한 무조건적인 순종, 하나님의 뜻이 계시되면 그대로 행하겠다는 확고한 결심을 요구합니다. 웨슬리는 셋째 단계에서 다음과 같은 것을 이야기합니다. 성경을 읽고, 살아 있는 하나님의 말씀에 삶을 개방하고, 말씀대로 행하기 위해서 우리의 삶을 향해 발하신 하나님의 말씀을 아는 것. 정보 습득적인 독서에서 형성적인 독서로 이동하기 위한 중요한 원동력들 중 하나는 하나님이 말씀하시는 것을 그대로 행하려는 내적 결심입니다.

통전적 실체

웨슬리는 네 번째 지침에서 "항상 믿음의 유비, 기본적인 교리들 사이의 관계와 조화, 원죄, 이신칭의, 신생, 내적인 거룩과 외적인 거룩 등에 주목하십시오"라고 말합니다. 성경에서 우리가 다루는 것은 성경 해석학적으로 서로 분리되어 있는 고립된 단편들이 아니라는 것을 알아야 합니다. 우리는 하나의 큰 통일체를 다루고 있습니다. 우리의 삶과 세계 안에 있는 하나님의 목적과 능력과 현존이라는 살아 있는 실체를 다루고 있습니다. 웨슬리는 성경에서 우리에게 말을 건네는 모든 것은 하나님의 때에 속한 실존, 그리스도 안에 있는 하나님의 새로운 존재 질서와 관련이 있다고 암시합니다. 그것이 우리의 삶에 있는 상처나 불순종, 죄의 원동력을 드러내 주는 하나님의 말씀일 수도 있습니다. 그 상처와 불순종을 위한 하나님의 은혜와 사랑과 용서를 제공해 주는 말씀일 수도 있습니다. 그 시점에서 새 삶의 가능성을 일깨워주는 말씀일 수도 있습니다. 하나님께 대한 완전한 헌신(내면의 거룩)과 세상에서 꾸준히 순종하는 새로운 삶(외적인 거룩)으로 부르는 말씀일 수도 있습니다. 이것들은 우리의 삶에서 살아 있는 말씀이 통찰하고 말씀하시는 중요한 분야입니다.

성경에 접근하는 이 통전적인 방법은 바울이 "세월을 아끼라"(엡 5:16)고 말하면서 표현한 것입니다. 하나님의 말씀을 객관적이고 조직적인 범주들로 분류하려는 유혹에 빠지지 않도록 조심해야 합니다. 그러한 행동은 정보 습득적/기능적인 원동력을 대변합니다. 성경을 읽을 때 살아 있는 통전적인 실재자, 우리의 삶을 완전한 존재와 행위로 만들려 하시는 분과 관계한다는 것을 알아야 합니다.

웨슬리는 다섯째 지침에서 성경에 접근할 때 "하나님의 신탁을 받기 전에 먼저 꾸준히 진지하게 기도해야 합니다. 왜냐하면 성경은 그것을 주신 성령을 통해서만 이해될 수 있기 때문입니다"라고 말합니다. 읽은 것이 마음에 기록되기를 바라는 기도로 성경 읽기를 마쳐야 합니다. 웨슬리는 기능적인 힘보다 관계적인 것을 더 강조합니다. 우리는 관계적인 방법으로 성경에 들어가며 존재의 깊은 차원에서 기도하면서 하나님께 자신을 개방합니다. 이 기도는 처음에 성경을 존재하게 하신 성령, 성경을 지금 우리에게 말하는 살아 있는 하나님의 말씀으로 만들기 위해서 우리의 독서 안에서 일하시는 성령에게 우리를 개방해 줍니다.

이처럼 기도하면서 성경을 읽을 때 우리는 성경에 포함되어 있는 "영감의 원동력"을 만납니다. 성경의 기록을 권위 있는 집록, 즉 정경으로 만드신 성령의 인도 하에 원래 기록한 사람들에게 영감이 임한 것처럼 우리에게도 임합니다. 우리가 기도하면서 관계적/형성적인 방법으로 성경을 읽을 때 영감의 과정에 참여하게 됩니다. 기도하면서 성경을 읽는 것은 우리 자신을 존재의 질서, 성경이 말해주며 그리스도 안에서 우리의 삶을 형성하는 바 하나님의 때에 속한 실존에 우리 자신을 개방하는 것입니다.

성경이 하는 말과 우리의 반응

마지막으로 웨슬리는 "성경을 읽다가 가끔 멈추고 자신이 읽은 것에 의해 자신의 마음과 삶과 관련하여 자신을 성찰하는 것도 유익합니다"라고 지적합니다. 이 자기 성찰은 말씀의 말을 듣기 위해서 자신을 의식적으로 개방하는 것입니다. 한편으로 그것은 삶의 외적 행동들을 성찰하는 것입니다. 우리의 개인적인 관계와 집단적인 관계에서 어떤 일이 진행되고 있습니까? 우리가 반응하고 반작용하는 패턴에 무슨 일이 일어나고 있습니까? 직장, 가정, 교회, 우리의 사회 활동에서 무슨 일이 일어나고 있습니까? 우리 삶의 외적 상황에서 무엇이 발생하고 있습니까? 반면에 그것은 존재의 내적 원동력들에 대한 성찰이기도 합니다. 우리의 태도, 습관, 느낌, 정서 등에서 무엇이 진행되고 있습니까? 우리의 지각, 동기 안에서 무엇이 발생하고 있습니까? 이처럼 내적인 것(마음)과 외적인 것(삶) 안에서 우리는 자신을 하나님께 개방하며, 그것들을 말씀 앞에 가져와 그 앞에 가라앉게 만들고 말씀의 말을 듣게 만듭니다.

웨슬리는 "자주" 읽는 것을 멈추고 내적인 존재와 외적인 행위를 성찰하라고 제안하는데, 이것이 형성적 독서의 중요한 측면입니다. 우리는 어느 정도 분량의 성경을 모두 읽으려고 노력하기보다는 본문이 우리를 깊은 곳으로 이끌어가도록 허락해야 합니다. 본문에 우리 자신의 일정을 불어넣으려 하기보다 삶의 내적 원동력과 외적 원동력이 본문에 의해 형성되게 만들려고 노력합니다. 우리가 본문을 지배하기보다 본문이 우리의 존재와 행위를 지배하도록 허락합니다. 이것은 본문의 일부가 성상학적인 것이 되는 것을 허락하는 훈련, 하나님의 때에 속한 실존과 관련된 차원 앞에서 스스로를 잠잠하게 하고 말씀이 우리의 존재와 행위를 통찰하는 것을 허락하는 훈련입니다.

그 다음에 웨슬리는 "그 때 받은 생각이 지체없이 즉각적으로 최대한 활용되어야 합니다. 결심한 것은 그 순간부터 시행하십시오"라고 덧붙여 말합니다. 여기에서 우리는 우리에게 주어지는 말씀에 즉시 순종하는 지점에 이릅니다. 여기에서 성경 읽기 훈련은 인생의 특별한 지점에서 하나님께 우리 자신을 바치며 사랑으로 말씀에 순종하는 훈련으로 이어집니다. 이러한 한두 개의 지점에서 말씀은 흠이 있는 우리의 "말"word에게 말을 거십니다. 그 때 우리가 꾸준히 순종의 훈련을 하나님께 드리면, 하나님은 그 훈련을 통해서 우리의 존재를 하나님이 세상에 존재하도록 공표하시는 "말"로 변화시켜 주십니다.

웨슬리가 조명해 주시는 말씀에 지체하지 말고 즉시 순종하라고 강조한 것은 세 번째 지침, 즉 하나님의 뜻을 행하려는 확고한 의도의 성취를 의미합니다. 만일 우리가 순종의 부족을 얼버무리고 합리화하려 한다면, 셋째 단계로 돌아가 하나님 앞에서 마음을 성찰해 보아야 합니다. 나는 얼마나 성실한가? 나는 내 인생을 위한 하나님의 완전하신 뜻을 찾고 있는가? 나는 살아 있는 말씀이 나의 존재와 행위의 모든 분야를 통찰하기를 원하는가? 나는 진실로 순종하려는 확고한 의도를 가지고 있는가?

셋째 단계에서 우리가 자신의 성실함을 전혀 의심하지 않는 때가 있을 것입니다. 우리는 진정으로 말씀이 하시는 말을 들으려 합니다. 정직하게 하나님이 하시는 말씀을 들으려 합니다. 그 때 우리가 듣는 것은 우리가 기대했던 것보다 훨씬 더 깊이 삶 속에 들어갑니다. 우리는 어느 수준까지는 절대적으로 성실하게 순종하려 했습니다. 그런데 이제 말씀이 우리가 원하는 범위 너머로 우리를 밀고 가는 것을 발견합니다. 우리가 자신의 조건에 따라서 자신의 방법으로 편리하게 하나님의 뜻을 행하려 했을 수도 있습니다. 이제 말씀은 우리의 완전한 마음을 원하시지만 우리는 그렇게 하지 못합니다. 우리는 자주 성경을 읽는 영성 훈련이 6단계에서 3단계로 계속 돌아가서 마침내 우리의 "확고한 의도"가 하나님의 뜻에 대한 전적인 헌신의 차원에 머무는 것을 발견할 수도 있습니다.

성경 읽기를 위한 웨슬리의 지침들은 영성 형성에서 성경에 접근하는 방법을 제공해 줍니다. 이 지침들을 꾸준히 실천하면 성경을 형성적이고 관계적으로 읽을 수 있을 것입니다. 이 지침들의 힘이 성경이 성상학적인 것이 되게 해줄 것입니다. 이 지침들을 사용함으로써 하나님이 우리의 비틀린 말을 원래 존재하도록 공표하신 말로 변화시키는 통로가 되는 하나님의 때에 속한 실존의 차원에 이를 것입니다. 이 과정에 의해서 성경은 하나님이 우리의 삶을 형성하시는 데 사용되는 은혜의 수단이 됩니다.

제12장

영적 독서의 장애물

우리가 영성 훈련으로서 성경을 읽기 시작할 때 영적 독서를 방해하는 많은 장애물을 만나게 될 것입니다. 그 장애물들 중 가장 중요한 것은 우리의 존재와 행위 안에 깊이 새겨져 있는 문화의 지각적인 측면과 경험적인 측면입니다. 영적 독서를 방해하는 구체적인 장애물 몇 가지를 살펴보기 전에 먼저 일반적이고 대표적인 장애물들을 요약해 보는 것이 도움이 될 것입니다.

지각적인 장애물

영적 독서를 할 때 네 가지 주요한 지각적 장애물—우리의 자아상, 독서에 대한 인식, 성경관, 실존에 대한 인식—을 경계해야 합니다.

첫째 장애물은 우리의 자아상입니다. 만일 우리가 자신을 하나님에 의해 공표된 말word로 보지 못한다면 우리의 영적 독서는 자기 생성적이고 자기 유지적이고 자기 주도적이고 자기 방어적인 원동력이 특징을 이루는 자아상 아래 놓일 것입니다. 이런 종류의 자아상을 소유할 때 우리는 자신의 거짓된 자아상을 확인하는 데 기여하는 방법으로 성경을 읽으려는 강력한 경향을 나타낼 것입니다. 만일 우리가 하나님에 의해 공표된 말이 될 가능성을 받아들이지 않는다면 성경을 읽음으로써 우리의 자아상만 반영하게 될 것이며, 그것은 그 자아상을 확인하고 강화하는 데 기여할 것입니다. 이것은 영적 독서를 방해하는 심각한 장애물입니다.

이 장애물을 극복하는 좋은 방법은 성경을 읽을 때마다 자신이 하나님에 의해 공표된 말이라는 것을 꾸준히 의식적으로 상기하는 것입니다. 우리가 성경 안에서 자신을 하나님께 개방할 때 하나님이 말씀 Word에 의해서 우리의 말word을 만들려 하신다는 것을 기억하십시오. 현재의 우리를 취하여 하나님이 원하시는 우리로 만드시기를 바라는 갈망을 키워야 합니다.

둘째 장애물은 독서에 대한 우리의 인식입니다. 우리가 형성적인 방법으로 성경을 다루지 못한다면 우리의 삶을 형성한 정보 습득적인 원동력들이 지배력을 발휘할 것입니다. 우리는 성경을 멀리하고 자신의 의식적이거나 무의식적인 계획을 반영해줄 객관적이고 분석적인 방법으로 성경을 다룰 것입니다. 우리는 본문의 깊은 곳이 아닌 표면을 다룰 것이며, 질보다는 양을 중시하고, 본문의 말을 듣기보다는 본문에게 말하며, 본문으로 하여금 우리를 지배하게 하기보다는 우리가 본문을 지배하려 합니다. 정보 습득적인 독서는 우리를 존재하도록 공표하시는 말로 만들어줄 살아 있는 하나님의 말씀과의 만남으로 인도하기보다 우리가 하나님이 공표해 주시기를 기대하거나 생각하는 것을 만들어내는 경향이 있습니다.

이 징에믈을 극복하는 가장 좋은 방법은 과정의 통제권을 본문에게 양도하려는 의식을 가지고 영적으로 성경 읽는 일에 임하는 것입니다. 의식적으로 자신을 본문에게 복종시키고, 그 앞에서 수용적으로 기다리며, 자신의 일정을 잠재우고, 우리에게 말하시는 말씀에게 귀를 기울이십시오. 웨슬리의 지침들을 세심하게 지키고, 형성적 독서의 원동력에 의식적으로 집중하고, 다음 장에서 제시될 영적 독서의 기법들을 사용하는 것 등이 이런 방식으로 영적 독서를 시작하는 가장 좋은 수단입니다.

셋째 장애물은 우리의 성경관입니다. 성경의 성상학적 본질을 이해하지 못하는 사람은 성경을 자신의 이해와 인식에 따라 해석하고 분석하고 비신화화하고 분류하는 그림들과 상징들과 신화들과 사상들의 집록으로 여길 것입니다. 이 장애물은 정보 습득적인 독서와 분리될 수 없는 것입니다. 의식적으로 꾸준히 형성적인 독서 방법으로 성경을 대하려 해도 성경의 성상학적 본질을 의식하지 못한다면 자신이 대하는 자료를 처리하기 위해 정보 습득적인 관습들을 의지해야 할 것입니다. 만일 본문을 살아 있는 하나님 말씀의 세계로 우리를 이끌어주는 "창문"으로 여기지 않는다면, 만일 성경을 성장이 저지된 우리의 "말"word이 하나님의 말씀을 대면하는 존재의 질서 속으로 우리를 이끌어가는 성상으로 여기지 않는다면 우리는 옛 존재의 세계의 한계 안에서 자신이 읽은 것을 적용할 것입니다.

이 장애물을 극복하는 가장 좋은 방법은 항상 성경의 성상학적 본질을 기억하는 것입니다. 우리는 하나님이 성상들 안에서 성상들을 통해서 살아 있는 말씀을 우리의 삶 속에 불어넣어 주시기를 기다리면서 수용적인 태도로 성경을 읽어야 합니다. 다음 장에서 다룰 영적 독서 기법들 중 몇 가지가 이 과정에서 도움이 될 것이며, 이 장애물을 극복하게 해줄 것입니다.

넷째 장애물은 실존에 대한 우리의 인식입니다. 만일 하나님의 때에 속한 실존의 실체에 대한 인식, 그리스도 안에 있는 완전히 새로운 존재의 질서에 대한 의식이 없이 성경을 읽는다면 우리의 활동은 무익할 것입니다. 우리가 영적으로 성경을 읽은 결과는 현재의 가치 체계를 땜질하는 것, 현대의 삶의 구조들을 재배열하는 것, 현재의 존재와 행위의 원동력을 수정하는 것에 불과할 것입니다. 만일 우리 자신을 가두고 있으며 우리의 "말"word을 축소하고 있는 존재의 질서를 대체할 수 있는 것에 대한 인식이 없다면, 변화를 기대할 수 없을 것입니다. 우리가 유일하게 선택할 수 있는 일은 성경 안에서 옛 질서를 우리에게 적합하게 재디자인해 줄 것을 발견하기를 바라는 것입니다. 이러한 희망은 우리로 하여금 정보 습득적이고 기능적이고 행동 중심의 방법으로 성경을 읽게 하며, 우리를 자기 생성적인 자아상 속에 가두어 두며, 성경의 성상학적인 가능성들을 제거합니다.

궁극적으로 이 장애물은 우리가 하나님의 때에 속한 실존의 실체를 의식하는 경험을 함으로써 극복될 것입니다. 아직 그러한 경험을 하지 못했다면 성경의 배후에 진정으로 새로운 존재의 질서가 존재할 가능성을 받아들임으로써 시작할 수 있습니다. 성경을 대할 때 마치 성경적 이야기의 모체를 형성하며 성경을 통해서 우리의 삶의 해방을 강요하는 바 변화시켜 주는 존재의 영역이 있는 것처럼 행할 수 있습니다.

이 네 가지 장애물들은 서로 강력하게 연결되어 있습니다. 대체로 우리의 자아상이 성경 읽는 방법을 결정합니다. 자아 생성적인 자아상은 위협인 것처럼 보이는 것에 대항하여 그 존재를 보호하고 유지하기 위해서 삶에 대해 정보 습득적인 접근 방식을 사용합니다. 정보 습득적인 접근 방법은 성경을 성상학적으로 보는 것을 어렵게 만들 것입니다. 성경을 성상학적으로 보면 성경을 형성적인 방법으로 만나게 되기 때문입니다. 성경을 성상학적으로 보지 않는다면, 하나님의 때에 속한 실존의 가능성, 현재의 존재 질서를 대신한 근본적인 대안의 가능성을 인식하기 어려워집니다. 하나님의 때에 속한 실존을 인식하지 못하면 우리는 가치 체계와 행동 구조, 그리고 존재와 행위의 원동력들을 표면적으로만 변화시킬 수 있는 자아상에 갇힙니다. 왜냐하면 그러한 자아상은 현재의 존재 질서의 제한을 받기 때문입니다.

경험적인 장애물

우리는 영적 독서를 방해하는 두 가지 경험적인 장애물, 즉 기능적인 원동력과 행동 중심의 원동력을 경계해야 합니다.

첫째 장애물은 기능적인 원동력들입니다. 만일 우리가 기능적인 방법으로, 그리고 우리의 힘과 방법으로 우리의 계획을 성취하기 위한 수단으로서 성경을 읽는다면 자신의 계획 성취를 위해서 성경을 조종하려 할 것입니다. 성경은 우리의 목적과 욕망과 욕구 충족에 필요한 도구가 될 것입니다. 우리가 기능적으로 성경에 접근하면서 하나님을 조종하기 위한 수단으로서 어떤 행동을 할 때 이것은 특히 파괴적이 될 것입니다.

이 장애물을 치료하는 방법은 형성적인 영적 독서입니다. 우리 자신의 계획을 촉진하려는 목적을 위해서 그 훈련을 하는 것이 아니라 하나님의 "일정"이 우리의 삶에 영향을 미치는 것을 허락하기 위해서 그 훈련을 합니다. 다음 장에서 다룰 기법들과 웨슬리의 지침들을 부지런히 적용하면 이 장애물을 극복하는 데 도움이 될 것입니다.

둘째는 행동 중심의 원동력들입니다. 만일 우리가 행하는 것이 우리를 하나님이 원하신다고 생각하는 존재로 만들어줄 것이라고 생각하면서 영적 독서를 시작한다면, 우리 자신이나 사람들이 참된 영성이라고 오해하게 될 표면적인 행위를 만들게 될 것입니다. 성경은 계속 확대되고 있는 "행해야 할 것과 행하지 말아야 할 것"의 목록의 원천이 될 것이며, 우리의 속사람은 우리의 부지런하고 광적인 행동에 접하지 못한 채 계속 쇠퇴될 것입니다.

이 장애물의 해결책은 진정한 영성 훈련의 실천입니다. 아무런 단서나 요구나 제한이나 기대하는 것이 없이 영적 독서 훈련을 하나님께 바쳐야 합니다. 하나님의 목적을 위해서 그 훈련을 하나님께 바치며, 그것이 우리의 존재를 변화시키는 하나님의 수단이 되는 것을 허락해야 합니다.

이 두 가지 경험적인 장애물은 서로 관계가 있을 뿐만 아니라 영적 독서를 방해하는 지각적인 장애물과 뗄 수 없이 연결되어 있습니다. 경험적인 원동력은 지각적 원동력의 실천적인 측면, 즉 우리의 세계관에 속한 생활방식입니다. 따라서 영적 독서를 방해하는 지각적/경험적인 장애물들은 이 책 앞에서 제시된 것과 같은 대안적인 지각적/경험적 방식의 독서를 의식적으로 꾸준히 채택할 것을 요구합니다. 웨슬리의 지침들과 다음 장에서 제시하는 기법들은 그러한 대체 독서 방식의 채택을 크게 촉진해줄 것입니다.

특별한 장애들

영적 독서에서 만나는 특수한 장애물들 중 하나는 집중의 부족입니다. 우리는 잠잠히 말씀을 받아들이려 하지만 본문을 읽고 또 읽다가 갑자기 어젯밤 텔레비전에서 본 드라마나 내일 있을 회의에 대해 생각하고 있는 것을 발견합니다. 삶이 개입하는 것입니다. 자리에 앉아서 눈으로는 성경책에 기록된 단어들을 읽고 있지만, 우리의 존재는 다른 곳에 가 있습니다.

만일 이러한 경험에 저항하면, 우리의 방심은 더욱 강해질 것입니다. 그보다는 평온하고 꾸준히, 그리고 끈질기게 본문에 주의를 기울이십시오. 본문 앞에서 다시 고요히 자신을 개방하며 읽고 있는 구절에 주의를 집중하십시오. 다시 주의가 산만해지면 다시 돌아와 본문을 읽으십시오. 정신이 이리저리 배회하거나 분심될 때마다 본문으로 돌아와 하나님 앞에 자신을 개방하고 말씀 앞에 잠잠히 서십시오. 끈질기게 이렇게 행하면 말씀 앞에서 자신을 잠재우며 하나님과 함께 거하는 능력을 개발하게 될 것입니다.

살다보면 때때로 견딜 수 없는 압박들과 생활환경 때문에 이러한 종류의 분심과 간섭이 영적 독서의 주된 장애물이 될 때가 있습니다. 그러나 꾸준히 끈질기게 영적 독서 훈련을 하면 집중하는 능력, 말씀 앞에서 잠잠하는 능력, 주의를 집중하여 하나님 앞에 거하는 능력이

견고해지는 것을 경험할 수 있습니다. 분심된다고 해서 걱정하거나 균형을 잃지 말고 다시 본문으로 돌아가십시오. 성경을 읽는 영성 훈련의 장점은 우리에게 다시 돌아갈 수 있는 초점을 준다는 데 있습니다.

영적 독서를 방해하는 또 하나의 장애물은 우리가 자신이 처한 궁핍한 상황에서 성경을 대하려 한다는 것입니다. 본문에 초점을 두고 하나님께 대해 대단히 개방적이고 수용적인 태도를 취하지만 특별한 욕구를 가지고서 성경을 대할 수 있을 것입니다. 마음속에 심각한 문제가 있거나 무거운 짐이 영혼을 짓누르고 있기 때문에 그 일에 대해 하나님의 말씀으로부터 말을 들으려 할 수도 있습니다. 이런 태도 자체는 본질적으로 잘못된 것이 아닙니다. 그러나 종종 우리는 이러한 문제와 더불어 자신이 바라는 해결책을 가지고 성경을 읽습니다. 그러한 상황에서 우리에게 필요한 것은 하나님이 가장 적합하다고 생각하시는 방법으로 우리에게 말씀하시도록 맡겨 드려야 한다는 인식입니다.

지금까지 내가 발견한 것들 중 하나는 내가 자신에게 부족하다고 생각하는 것들의 대다수가 실제로는 어떤 징후들이라는 사실입니다. 나의 욕구들은 아직 내가 의식하지 못하는 내 인생의 심오한 측면들이 나타내는 징후입니다. 종종 나는 어떤 욕구에 대해 하나님께 기도하면서 하나님이 나의 징후에는 관심이 없고 원인에만 관심을 두신다는 것을 발견합니다. 종종 나는 하나님이 표면적으로는 나의 욕구라고 생각하는 것과 관계가 없는 방법으로 일하기 시작하시는 것을 발견하곤 했습니다. 그러고 나서 점차 그 욕구에게 어떤 일이 발생했음을 발견하기 시작합니다. 나는 그 욕구가 내가 기대했던 방법이 아닌 다른 방법으로 충족되었음을 깨닫습니다. 나는 "하나님, 나에게는 이러한 욕구가 있습니다. 이 욕구를 이 특별한 방법으로 충족시켜 주시기를 원합니다. 하나님, 지금 주님 앞에 그것을 내려놓습니다"라고 기도하고 있었습니다. 그러면 하나님은 내가 생각하거나 요청하는 것보다 훨씬 더 풍성한 일을 행해 주십니다. 하나님은 내가 나타내는 징후를 다루시는 것이 아니라 진정으로 나에게 필요한 것을 다루십니다.

이것은 우리가 자신에게 부족하다고 생각하는 것들을 가지고 성경을 읽거나 하나님께 가져가서는 안 된다는 말이 아닙니다. 그러나 우리가 진정한 욕구라고 생각하지만 실제로는 그렇지 않을 수 있다는 가능성을 받아들여야 합니다. 따라서 성경을 우리의 욕구에 맞추어 축소하거나 그 안에서 자신의 특수한 욕구에 대한 특수한 해답을 기대하는 태도를 취한다면 우리가 나타내는 징후가 아니라 우리 존재의 한층 깊은 차원에서 우리에게 주시는 하나님의 말씀을 받아들일 통로를 막을 수 있습니다. 우리가 자신의 욕구를 가지고 성경을 읽을 때 비록 우리가 욕구라고 생각하는 것을 충족시켜 주지 못하는 것 같아도 하나님이 주시는 말씀을 기꺼이 받아들여야 합니다.

영적 독서를 방해하는 또 하나의 장애물은 초라하고 미지근한 것이라도 우리가 바치는 것을 하나님이 사용하실 것이라고 기대하는 태도를 취하는 것입니다. 이 장애물은 웨슬리의 지침에서 논의한 영적 독서 훈련의 측면—하루 중 가장 좋은 시간을 하나님께 드리는 것—과 관련이 있습니다. 우리가 영적 독서를 위해서 찌꺼기 시간을 하나님께 드릴 때마다 살아 있는 말씀과의 만남이 적어지고 줄어들 것입니다. 하나님께 찌꺼기 시간을 드릴 때 지금까지 영적 독서와 관련하여 고찰해온 장애물들의 대부분이 발생하는 경향이 있다는 것도 발견할 것입니다.

하나님께 찌꺼기 시간을 드리는 것과 관련된 또 하나의 장애물은 꾸준히 성경을 읽지 못하게 되는 경향입니다. 처음에는 열심을 가지고 시작하여 가장 좋은 시간을 하나님께 드리고 성경 안에서 진정으로 하나님 앞에 나아가며 우리의 삶에 주시는 하나님의 말씀을 받아들일 것입니다. 그러다가 영적 독서를 하루 중 자신에게 편리한 시간으로 미루는 일이 발생합니다. 하루쯤 지나면 성경 읽는 시간을 연기합니다. 이따금 하루를 거르기 시작하여 결국 성경 읽는 것이 표준적인 일이 아닌 예외적인 일로 전락합니다.

영적 독서를 하루 일과 중 차선의 일로 여기려는 유혹에 대해서 전력을 다해 저항해야 합니다. 그 무엇도 우리가 하나님께 헌신하는 시간을 강탈하지 못하게 해야 합니다.

영적 독서를 하는 장소 선정과 관련하여 장애물이 발생합니다. 만일 우리가 선택한 장소가 시끄럽거나 우리를 불편하게 하거나 주의를 산만하게 만든다면, 우리의 영적 독서에 좋지 않은 영향이 미칠 것입니다. 이 분야에서 사람마다 인내하는 수준이 다릅니다. 어떤 사람은 다소 시끄럽고 무질서한 환경에서도 집중할 수 있습니다. 어떤 사람은 성경 안에서 하나님께 집중하려면 조용하고 질서가 있는 환경을 필요로 합니다. 각 사람의 개성이 이러한 다양성과 관계가 있습니다. 우리가 집중할 수 있고 받아들일 수 있는 태도로 하나님 앞에 나아갈 수 있는 장소를 찾아야 합니다.

우리는 영적 독서를 하면서 다른 개인적인 장애물들을 발견하게 될 것입니다. 지금까지 제시한 것들은 보편적이고 일반적인 형태의 장애물들입니다. 흔히 개인적인 장애물들이 이러한 일반적이고 보편적인 유형의 장애물들과 관련이 있으므로 그것들이 여기에서 제시한 것들 중 하나 또는 그 이상의 것들과 관련이 있는지 살펴봄으로써 자신의 개인적인 장애물들에 대처할 수 있을 것입니다.

마지막으로 영적 독서를 할 때 이러한 장애물들 중 하나 또는 여러 개가 결합하여 등장하는 것은 그 자체가 영성 형성의 위기일 수 있습니다. 그 장애물은 우리의 삶에서 하나님과의 만남을 거부하는 것, 살아 있고 활력이 있는 하나님 말씀의 말을 거부하는 것, 영적 독서 훈련을 억제함으로써 삶에서 우리 자신의 존재를 방어하는 것이 나타내는 징후일 수 있습니다. 만일 우리가 이러한 상황에 처해 있다면, 그 장애물이 발생하는 즉시 순종의 영성 훈련을 행함으로써 그 장애물을 극복하게 되고 우리의 삶에 하나님의 변화시키는 은혜의 사역을 받아들이게 될 것입니다.

제13장

영적 독서의 실천

이 장에서는 영적 독서의 실천에 대해 다루겠습니다. 영성 형성을 강화해줄 수 있는 특별한 성경 읽기 기법에 대해 고찰하고, 살아 있는 하나님의 말씀이 하시는 말을 들을 수 있게 해 주는 방법들을 살펴보겠습니다. 그러기 전에 먼저 이 장을 진행하는 동안 우리 안에서 하나님이 이루시려는 일을 받아들일 수 있도록 기도합시다.

은혜로우시고 사랑이 많으신 하나님, 이 책을 통해서 하나님이 우리의 정신과 마음 안에서 행하시는 일들에 대해 감사드립니다. 하나님이 주신 새로운 지혜, 우리 안에 만들어주신 새로운 인식, 하나님의 은혜와 사랑의 새로운 경험, 예수 그리스도 안에 있는 부요하고 깊은 삶의 가능성들에 대해 감사드립니다. 이 장에서 하나님이 우리 안에서 행하려 하시는 것을 받아들이게 해주시기를 기도합니다. 우리를 도우사 하나님의 살아 있는 말씀을 가장 잘 받아들이게 해줄 영적 독서의 기법들을 배우게 해 주십시오. 아멘.

영적인 성경 읽기에는 세 가지 측면—접근, 만남, 그리고 반응—이 있습니다. 이 장에서는 영적 독서에서 이 세 가지 측면이 삼위일체적 통일체를 형성한다는 인식을 가지고 각 측면을 살펴보려 합니다. 이 세 가지 측면 중 하나가 상실되거나 약화되면 나머지 측면들에도 그에 상응하는 결과가 미칠 것입니다. 지금까지 고찰해온 것들은 모두 성경에 접근하는 우리의 방법과 관련이 있습니다. 우리의 접근 방법이 만남과 반응을 결정할 것입니다. 우리는 성경에 접근하는 데 있어서 두 가지 중요한 요소, 즉 태도와 구조에 대해 고찰해 왔습니다. 여기에서 이 두 가지를 함께 다루는 것이 유익할 듯합니다.

태도

태도는 성경을 읽는 자세와 관계가 있습니다. 자세에는 성경을 읽는 데 동원하는 형성적이고 관계적인 원동력뿐만 아니라 자아관(view of self), 성경관(view of the Bible), 그리고 기독교적 실존에 관한 견해가 포함됩니다.

자아관. 영적인 성경 읽기에는 우리가 성경 안에 묘사되고 선포되시는 하나님과 깊이 있고 친밀하게 관련되어 있다는 의식이 동반됩니다. 성경 안에서 인간의 역사에 들어오시는 하나님은 동시에 우리의 개인적인 역사와 우리 시대의 역사 안에 깊이 개입하십니다. 이러한 하나님과의 관계를 하나님에 의해 선포되어 세상에 존재하게 된 "말", 세상의 비인간화하고 파괴적인 원동력들 때문에 멋대로 수정되고 왜곡되고 천하게 되었음에도 불구하고 하나님이 살아 있는 말씀의 양육을 통해서 그리스도의 형성과 일치시키려 하시는 말word이라고 묘사해 왔습니다. 그러므로 우리는 하나님의 말씀Word의 말을 들으려 하는 하나님의 말word로서 성경에 접근해야 합니다.

성경관. 우리가 성경 안에서 인간의 문학적인 산물 이상의 것을 소유한다는 의식이 영적인 성경 읽기에 수반됩니다. 성경에는 순수히 인간적인 요인들, 인간적인 용어와 표현에 활기를 불어넣으며 인간적인 이야기를 돌파하는 실체가 있습니다. 이 책에서는 이러한 차원을 성경의 성상학적인 본질이라고 묘사해 왔습니다. 성경은 대안적代案的인 존재의 질서, 하나님이 우리를 세상에 존재하도록 공표하신 말이 왜곡한 것과는 다른 실존의 영역을 들여다보는 창문을 제공합니다. 성경의 성상들은 우리를 제멋대로 수정된 가치 체계, 왜곡된 존재 구조, 천하게 된 행동과 관계의 원동력들로부터 불러내어 치유와 변화와 온전함을 발견할 수 있는 가치 체계와 존재 구조와 행동 및 관계의 방식을 취하게 합니다. 우리는 성경의 성상들을 통해서 살아 있는 하나님의 말씀과 만납니다. 그러므로 성경을 살아 있는 말씀과의 만남을 기대할 수 있는 성상으로 여기면서 읽어야 합니다.

실존에 대한 견해. 영적인 성경 읽기에는 성경의 성상들 안에 계시되는 가치 체계와 존재의 구조, 그리고 관계와 행동 방식들이 우리가 멋대로 수성한 말의 가치와 구조와 방식의 피상적인 변형물이 아니라는 이해가 수반됩니다. 말씀의 세계는 완전한 존재의 질서이므로 그 완전함을 반향하지 않는 것을 철저히 파괴합니다. 그것은 우리의 옛 존재의 죽음에 생명을 불어넣어 우리를 소생시킬 수 있는 질서입니다. 이러한 말씀의 세계를 하나님의 때에 속한 실존kairotic existence이라고 묘사했습니다. 그러므로 궁극적으로 우리의 존재와 행위 중에서 하나님의 질서의 생명 및 완전함과 조화를 이루지 못하는 모든 것에 도전하게 될 하나님의 존재 질서 안에 우리 존재 질서를 가져가야 한다는 의식을 가지고 성경을 읽어야 합니다.

형성적 원동력. 만일 우리의 자아가 하나님의 말씀Word이 하시는 말을 들으려 하는 하나님의 말word이라는 인식을 가지고 성경을 읽는다면, 만일 성경을 말씀의 세계를 열어주는 성상이라고 여기면서 읽는다면, 만일 성경 본문을 하나님의 때에 속한 실존의 삶과 온전함이 우리의 상함과 죽음 안에 침입해 들어오는 것이라고 여기면서 읽는다면 본문을 형성적으로 접근하는 바른 길에 들어설 것입니다. 우리의 말word을 하나님의 때에 속한 실존의 성상들에게 가져가려면 우리의 존재 질서에 속한 요소들에 의해서 본문을 알려 하지 말고, 자신의 목적들을 지원하고 옹호하고 개진하기 위해서 본문을 지배하려 하지 말고, 우리의 삶과 이웃의 삶에서 우리의 계획을 성취하기 위해서 본문을 조정하려 하지 말아야 합니다. 형성적인 원동력은 하나님의 때에 속한 실존의 삶과 온전함이 우리를 다스리는 것을 허락하며, 살아 있는 말씀의 목적이 우리 안에서 성취되는 것을 허락하며, 하나님이 하나님의 계획에 따라 우리로 하여금 세상에 존재하라고 공표하시는 것을 허락해야 합니다.

관계적 원동력. 성경에 접근하는 처음 네 가지 태도가 적절한 것일 때, 하나님의 말씀을 관계적으로 대할 위치에 서게 될 것입니다. 우리는 성경을 하나님이 우리를 위해 행해 주시기를 원하는 일을 행하시도록 하나님을 조종하는 수단으로 여기지 않으며, 또 하나님이 우리에게 원하신다고 생각하는 것에 자신을 일치시키기 위한 수단으로 여기지도 않습니다. 우리는 성경 본문을 하나님과의 관계를 시작하는 모체로 여기며, 사랑으로 응답하며 복종하면서 자신을 하나님께 개방하는 상황으로 여기면서, 하나님이 변화시키시는 관계 안에서 우리를 만나시고 우리로 하여금 세상에서 하나님의 말로서 존재하도록 공표하시는 사역을 시작하는 환경으로 여기면서 성경을 읽을 것입니다.

구조

태도는 영적 성경 읽기에 동원되는 자세와 관련이 있고, 구조는 영적 성경 읽기가 이루어지는 일반적인 틀과 관련이 있습니다. 영적 성경 읽기를 위한 두 가지 필수적인 구조는 영성 훈련과 실질적인 지침들입니다.

영성 훈련. 진정한 의미에서 영성 훈련은 앞에서 논의된 필수적인 태도들의 틀을 잡아주는 구조입니다. 그 태도들은 진정한 영성 훈련의 기본적 실체들이지만, 진정한 영성 훈련에는 조건 없이 하나님께 훈련을 바친다는 특징이 있습니다. 우리의 성경 읽기는 살아 있는 말씀과의 만남, 하나님이 우리의 삶을 형성하는 데 사용하시는 수단이 되어야 합니다. 이러한 만남과 형성이 발생하려면, 성경 읽기가 사랑의 훈련으로서 꾸준히 하나님께 바쳐지는 활동, 하나님의 때에 하나님의 조건에 따라서 하나님이 사용하시도록 바쳐지는 것이 되어야 합니다.

영적인 성경 읽기를 우리가 고안해낸 목표를 이루기 위한 수단으로 간주해서는 안 됩니다. 그것은 아무런 조건이나 요구 사항이 없이, 아무런 제한이나 기대가 없이 하나님께 꾸준히 바치는 훈련이 되어야 합니다. 하나님이 사용하시든지 사용하시지 않든지 우리는 그 훈련을 하나님께 바칩니다. 따라서 성경에 접근하는 모든 태도들은 영성 훈련의 틀에 짜맞추어집니다. 조건 없이 그 훈련을 행하면 접근의 태도들이 결실을 맺습니다. 우리는 영적 성경 읽기를 하면서 하나님께 쓸모가 있게 되고, 하나님의 살아 있는 말씀의 통찰을 받아들이게 되며, 우리의 온전함을 위한 하나님의 뜻의 형성에 반응하게 됩니다.

실질적인 지침. 다음은 성경 읽기를 위한 웨슬리의 지침 중 기본적인 것들을 요약한 것입니다.

1. 매일 규모 있게 성경을 읽기 위한 시간을 배정해야 한다. 그 시간은 ① 하루 중 가장 좋은 시간, 우리가 최상의 상태에 있을 때, ② 우리의 삶을 하나님께 개방하도록 이끌어주는 환경, ③ 우리 삶의 긴장들과 압박들로부터 분리된 시간이 되어야 한다.

2. 규모 있게 규칙적으로 성경 전체를 읽어야 한다. 몇 년이 걸릴 수도 있지만 성경 전체를 읽는 것을 보장해줄 체계(성구집)를 개발해야 한다.

3. 오직 하나님의 뜻을 알고 행하려는 목적을 가지고 성경을 읽어야 한다.

4. 성경의 어느 부분을 읽든지 그 특별한 성상의 원동력을 성경 전체에 계시되는 하나님의 때에 속한 실존kairotic existence과 연결지어야 한다. 다시 말해서 한 그루의 나무를 보면서 숲 전체를 보지 못하는 일이 없어야 한다.

5. 가장 중요한 지침은 기도의 실천이다. 영적 성경 읽기의 관습 전체에 기도가 주입되어야 한다. 성경에 접근하는 기본적인 태도에 활기를 부여해 주는 기도, 영적독서 훈련을 활성화하는 기도, 살아 있는 말씀과의 만남을 받아들이게 해 주는 기도, 하나님께 순종하며 응답하게 해 주는 기도가 주입되어야 한다.

6. 웨슬리의 마지막 지침은 우리를 영적 성경 읽기에 대한 접근법에서 만남과 응답으로 이동시켜 준다. 성경을 읽을 때 우리의 존재와 행위, 마음과 삶에 대한 성찰이 있어야 한다. 살아서 통찰하시는 하나님의 말씀과의 만남이 있어야 한다. 다음 항목에서 만남에 대해 다룰 때 성경에 접근하기 위한 몇 가지 기법을 제안하겠다. 성경을 읽을 때 하나님의 말씀을 우리의 존재와 행위에 적용하는 일이 있어야 한다. 반응을 다루는 부분에서 적용의 기법들을 소개하려 한다.

이와 같은 존재의 태도들과 실질적인 구조들이 영적 성경 읽기에 대한 접근의 원동력을 이루며, 우리로 하여금 하나님과의 만남에 대비하게 해주고, 만남의 지점으로 우리를 이끌어갑니다.

하나님과의 만남

성경을 읽으면서 하나님을 만나고 하나님의 살아 있는 말씀의 말을 듣기 위한 많은 기법들이 있습니다. 이 분야에서 지도를 받는 데 사용할 수 있는 자료가 많습니다.[28] 여기에서는 말씀이 하시는 말 앞에 우리 자신을 개방하기 위한 몇 가지 표준적인 기법에 대해 묘사하려 합니다.

각각의 기법에는 두 가지 필수적인 국면, 즉 읽기와 듣기(경청과 묵상)가 있습니다. 이 기법들은 이 두 가지 국면 중 하나 또는 둘 모두를 강화하기 위해 고안된 것입니다. 이 기법들은 본질상 기능적이지만, 접근의 항목에서 묘사된 태도와 구조의 틀 안에서 작용합니다. 기법들의 기능적인 측면들이 주도적 위치를 점유하며 하나님으로 하여금 우리에게 말씀하시게 하는 데 수단이 되는 위험을 경계해야 합니다. 필자는 이 위험 때문에 성경 읽기에 대한 접근 방법의 원동력들을 강조했습니다. 어떤 의미에서 보면 접근 방법이 건전하다면 어떤 기법이든지 말씀으로 하여금 우리의 마음과 삶을 관통하게 하는 수단이 될 수 있습니다. 그러나 만일 우리의 접근 방법이 건전하지 못할 경우 기법은 우리의 잘못된 접근 방법이 본문을 왜곡하는 수단이 될 것입니다.

기법

묵상 기법. 읽기와 듣기를 위한 기법들 중에서 가장 단순하면서도 가장 어려운 것이 묵상이라는 기법입니다. 이 기법을 사용할 때에는 성경의 작은 부분을 대상으로 삼는 것이 좋습니다. 이것은 묵상을 시작할 작은 부분―한 구절, 하나의 간단한 말이나 이야기―을 선정함으로써, 또는 약간 긴 부분을 읽은 후에 묵상할 부분을 선정함으로써 행할 수 있습니다. 이 기법을 사용할 때에 본문을 천천히 세심하게 읽으면서 각각의 문장과 단락과 단어에 집중합니다. 한 단락을 다 읽은 후에는 잠잠히 하나님께 집중하면서 하나님이 하시는 말씀을 듣습니다. "하나님, 여기에서 나에게 무엇을 말씀하십니까?"라고 기도할 수도 있습니다. 그러고 나서 잠잠히 들으려 합니다. 만일 여러 가지 생각 때문에 산만해지면 다시 본문을 읽고, 하나님의 음성을 듣기 위해서 자신을 진정시키십시오. 전혀 음성을 듣지 못할 때가 있을 것입니다. 또 내가 경험했던 것처럼 "너는 바로다!"와 같은 음성을 들을 수도 있습니다.

때로 하나의 단어나 본문에 기록된 이야기의 한 가지 측면에 묵상의 초점이 두어질 것입니다. 하나님의 말씀이 우리를 그러한 초점으로 인도하기도 합니다. 우리의 마음과 삶에 주시는 말씀을 들은 후 그 말씀과 씨름하는 과정, 우리의 존재나 행위와 관련하여 그 말씀이 의미하는 것을 묵상하는 과정을 시작합니다.

나의 경험을 이야기하겠습니다. 언젠가 나는 마가복음 14장 3-9절에 기록된 바 여인이 예수님에게 기름을 부은 것에 대한 기사를 읽었습니다. 내가 마음을 잠잠하게 하고서 그 사건을 통해서 하나님이 말씀하시려는 것이 무엇인지 질문했습니다. 하나님은 "너는 그 여인이 옥합을 깨뜨린 것을 보지 못했느냐?"라고 물으셨습니다. 다소 단순하고 겉보기에는 "신중한" 질문이었습니다. 나는 이 사실에 대해 묵상하기 시작했는데, 하나님은 내 인생에서 주도적인 영적 주기들 중 하나를 상기시켜 주셨습니다.

그 주기는 하나님이 (그 여인에게 옥합이 귀중했듯이) 내 삶에서 나에게는 귀중하지만 나의 온전함을 위한 하나님의 뜻과 일치하지 않는 것을 지적하고 계시다는 것을 의식하면서 시작됩니다. 그것은 대단히 순진하고 해롭지 않은 것일 수도 있습니다. 그것은 내가 소중히 여기고 있지만, 온전함을 향한 나의 성장을 저지하는 것입니다.

그 주기의 둘째 단계는 회피입니다. 그 때 나는 하나님의 면밀히 살피시는 손가락을 피하려 했습니다. 나는 이것을 지적하시는 분이 정말로 하나님이신지, 아니면 내가 자신의 삶에서 그것에 대해 까다롭지 않은 것인지를 질문했습니다. 사랑의 하나님은 끈질기게 그 소중한 것이 내 인생에 적합하지 않다고 지적하셨습니다.

마침내 나에게 말씀하시는 분이 하나님이심을 인정했을 때 셋째 단계가 임했습니다. 셋째 단계는 내가 하나님과 흥정하려 하며 그 소중한 것의 존재를 합리화하고 정당화하려 하는 조종의 단계였습니다. 나는 내 인생의 다른 지점에 있는 다른 것을 하나님께 바칠 테니 그것을 그대로 보존하게 해달라고 설득하려 했습니다. 그러나 하나님은 그 "귀중한 기름"을 십자가 밑에 부으라고 계속 요구하셨습니다.

넷째 단계에서 나는 내 인생에서 그 "소중한 기름"을 소유한 것을 회개하고 그것을 십자가 밑에 부었습니다. 분명한 해방과 즐거움과 거듭남의 시기가 지난 후 나는 그것이 다시 돌아오거나 그 대신에 다른 것을 소중히 여기게 되는 것을 발견합니다. 그 이유는 무엇입니까? 비록 내가 십자가 밑에 귀중한 기름을 부었지만 그 기름을 소중히 여기던 거짓 자아라는 옥합을 깨뜨리지 않았기 때문입니다. 제멋대로 행하는 교묘한 자아가 여전히 존재하면서 다른 기름으로 이미 부어버린 기름을 대신하려 하고 있었습니다. 그제야 나는 "그 여인이 옥합을 깨뜨린 것을 보지 않았느냐?"라는 하나님의 질문의 배후를 보기 시작했습니다.

나의 경험이 "말씀이 우리에게 말할 때 작용하는 묵상적 원동력"을 예증해 주기를 바랍니다. 하나님이 하시는 말씀이 가상의 진리, 미리 포장해둔 소량의 영원한 진리를 계시하는 경우는 극히 드뭅니다. 하나님의 말씀은 보통 대단히 예리하고 개인적이고 실질적입니다. 그것은 우리의 존재와 행위의 심오한 원동력을 대상으로 말씀하십니다.

말씀은 "혼과 영과 및 관절과 골수를 찔러 쪼개기까지 하며 또 마음의 생각과 뜻을 판단하십니다"(히 4:12).

조화/부조화. 이 기법은 독서의 초점 확보를 촉진해주고 묵상할 자료를 제공해 줍니다. 이것은 다소 긴 말씀을 다루는 데 적합한 기법입니다. 성구집을 활용할 때 이 기법을 효과적으로 사용할 수 있습니다. 성경의 어느 부분을 읽을 때 본문 중에서 우리의 생각이나 태도나 느낌이나 인식 안에 있는 조화 및 부조화를 지적하는 것에 관심을 두어야 합니다. 성구집에 규정된 성경이 조화롭거나 조화를 이루지 못하는 견해를 취할 때에 특히 이 기법이 적절합니다.

정해진 성구를 읽은 후, 읽으면서 조화나 부조화를 경험했던 부분으로 돌아가십시오. 조화롭거나 그렇지 못한 부분을 발견하면 본문 옆에 표시를 해두는 것이 유익할 수 있습니다. 때로는 한 단락 안에서 조화와 부조화를 만날 수 있습니다. 그러한 조화나 부조화의 지점에서 하나님께 자신을 개방하십시오. 조화/부조화의 경험을 통해서 살아 있는 말씀이 우리를 감화하여 심오한 존재와 행위의 원동력을 받아들이게 만들도록 하십시오.

그 조화의 경험 안에서 하나님이 나에게 하시는 말씀은 무엇입니까? 나의 내적 존재에 대해서 무엇을 계시해 줍니까? 관계와 행동과 반응 등 외적인 삶에 대해서 무엇을 계시해 줍니까? 내가 온전함과 생명을 간절히 원하는 곳, 삶의 실현되지 못한 지점에서 말씀이 나에게 말하십니까? 말씀이 나의 존재나 행위의 상한 부분, 치료를 요구하는 부분에게 말하십니까? 말씀이 채워짐을 갈망하는 깊은 공허를 향해 이야기하고 계십니까?

  부조화의 경험 안에서 하나님은 무엇을 이야기하십니까? 그 부조화가 나의 존재나 행위 안에서 하나님을 거역하고 있는 것을 드러내 줍니까? 말씀이 내가 집착하고 있는 바 결함이 있는 나의 말word에게 이야기하십니까? 나의 온전함을 위한 하나님의 목적과 일치하지 않는 뿌리 깊은 습관이나 태도나 관점을 지적합니까? 말씀이 건전하지 못한 어떤 관계를 깊이 조사합니까? 말씀이 나와 이웃에게 파괴적인 반응이나 반작용 방식의 핵심을 통찰합니까?

  이 질문들은 본문에서 조화나 부조화를 발견할 때 행할 수 있는 묵상의 예입니다. 묵상의 기법을 사용할 때에는 하나님 앞에서 잠잠하며 자신의 질문에 대한 대답을 들어야 합니다. 그리고 조화나 부조화의 지점들이 우리의 존재나 행위의 피상적인 측면들과 연관되는 것이 아님을 기억해야 합니다. 그것들은 우리 삶의 표면적인 차원에 나타나지만, 개방적이고 수용적인 태도로 그것들을 하나님께 드린다면 그것들이 하나님이 우리 존재의 깊은 차원에서 말씀하시는 지점이 된다는 것을 깨달을 것입니다.

상상 기법. 이 유서 깊은 기법이 최근에 꽤 유행하게 되었습니다.[29] 그것은 본질상 하나의 기법이지만 다른 방법들을 강화하기 위해 사용될 수 있습니다. 이 기법을 사용할 때 성경을 읽으면서 자신을 그 장면의 일부, 그 이야기에 참여하는 사람이라고 상상합니다.

그 장면에서 색깔, 움직임, 크기 등 자신이 보고 있을 것들; 사람들의 얼굴 표정, 의복, 자세, 움직임 등을 상상합니다. 또 우리가 듣고 있을 것들을 상상합니다. 자연의 소리—바람, 새, 짐승, 찰싹거리는 물, 계류 중인 배; 사람들이 활동하는 소리—말소리, 아이들이 노는 소리, 갓난아기의 울음소리, 사람들이 소리치거나 신음하는 소리 등. 우리는 자신이 맡고 있을 냄새를 상상합니다. 꽃 향기, 바다 냄새, 흙 냄새. 들판이나 뒷마당의 냄새, 목공소의 냄새, 생선 냄새, 빵 냄새 등 자연 환경에서 나는 냄새; 향수 냄새, 새로 세탁한 옷에서 나는 냄새, 더러운 옷에서 나는 냄새 등 사람에게서 나는 냄새도 상상합니다. 또 우리가 느낄 수 있는 것들을 상상합니다: 주위에서 불고 있는 바람, 방 안의 정적, 거친 길, 옷의 질감, 물이나 대리석의 차가움, 사막의 뜨거움, 빗방울의 축축함 등. 우리는 모든 감각을 사용하면서 상상력을 발휘하여 성경 본문의 배경을 재창조합니다.

우리는 상상으로 그 장면을 재창조하고 자신을 그 장면에 참여시킨 후에 그 상황에 대한 자신의 생각과 느낌을 조사합니다. 여기에서 우리가 조화나 부조화를 경험할 수 있는데, 그것은 우리가 기도하면서 하나님께 자신을 개방하며 말씀이 주시는 것을 묵상하기 위한 초점이 될 수 있습니다. 이때 우리는 그 장면 중에서 편안하게 일체감을 가질 수 있는 것이 무엇인지를 자신에게 질문하고 나서 그 이유에 대해서 기도하는 마음으로 묵상해도 좋습니다. 아니면 그 장면에서 피하고 싶은 것이 무엇인지 스스로에게 질문하고, 그렇게 피하는 일 안에서 말씀이 말해 주는 것에 대해 묵상해도 좋습니다. 그 장면에 대한 우리의 부정적인 반응이나 긍정적인 느낌은 우리의 속사람과 외적인 관계들과 삶에 반응하는 패턴에 대해서 무엇을 말해 줍니까?

이처럼 성경에 등장하는 장면에 초점을 둔 묵상 훈련은 하나님의 통찰하시는 말씀에 우리 자신을 개방하는 강력한 방법이 될 수 있습니다. 이 과정은 우리로 하여금 정신 및 자료에 대한 정신의 이성적이고 논리적이고 지적이고 분석적인 접근 방식을 초월하게 해줍니다. 상상의 과정은 종종 하나님의 말씀을 들어야 할 필요가 있는 곳, 즉 우리 존재의 감정적인 영역, 감정의 차원에서 우리를 개방해 줍니다. 이 기법도 매우 혼란스럽고 무서운 것이 될 수 있습니다. 그것이 우리가 심지어 자신에게까지 닫아두었던 삶의 영역을 열어놓을 수 있습니다. 그것은 우리를 놀라게 만드는 감정적인 반응의 차원들을 휘저어 놓습니다. 그리하여 우리는 자신이 기뻐 어찌할 줄 모르는 것을 발견할 수 있고, 이러한 훈련을 하면서 존재의 깊은 원동력이 해방됨에 따라 참을 수 없이 눈물을 흘리는 자신을 발견할 수도 있습니다.

그러한 훈련을 통해 하게 되는 경험 안에서 자신을 하나님께 개방하며, 그것을 통해서 하나님이 하시는 말씀을 묵상하십시오. 이 단계에서 앞의 두 기법을 다루면서 제시한 것과 동일한 종류의 질문들을 사용할 수 있습니다.

"만일 네가 그곳에 있었다면" 기법. 언뜻 보기에 이것은 상상 기법과 동일한 것처럼 보일 것이며, 실제로 상상 기법과 결합하여 사용할 수 있습니다. 이 기법을 사용할 때 우리는 구경꾼의 자세를 버리고 참여자가 됩니다. 상상 기법은 존재의 깊은 차원에서 강력하게 우리를 성경 이야기에 개입시키지만, "만일 네가 그곳에 있었다면" 기법은 초기 단계에서는 그보다 덜 위협적입니다. 그러나 이 기법들을 사용할 때 우리는 살아 있는 하나님 말씀의 말을 들으며, 존재의 모든 차원에서 하나님의 현존과 목적 앞에 자신을 개방하려 해야 합니다. 이처럼 자신을 개방하는 것은 궁극적으로 삶에서 우리의 온전함을 향한 하나님의 목적과 일치하지 않는 모든 것을 위협할 것입니다.

이 기법을 사용할 때 다음과 같은 질문을 합니다: "만일 내가 그곳에 있었다면 어떻게 행동했을까? 무엇이라고 말했을까? 어떻게 반응했을까? 나는 어느 편에 섰을까? 용감하게 인기 없는 편에 설 수 있었을까? 나는 무리와 함께 행동했을까? 이 기법의 또 다른 측면은 우리 자신을 그 이야기에 등장하는 주요 인물과 동일시한 후 자신이 어떻게 느끼고 생각하고 어떤 행동을 했을지 분석하는 것입니다.

일련의 질문들에 대한 우리의 대답이 하나님 앞에서 묵상할 요점이 됩니다. 우리의 대답은 자신의 존재의 깊은 원동력들에 대해 무엇을 드러내 줍니까? 우리의 삶에서 하나님의 치유의 손길을 필요로 하는 것을 드러내주기 위해서, 우리가 대답하는 순간 하나님이 우리에게 말씀하십니까? 마음을 열고 기도하면서 대답을 하나님께 드리고, 그 대답 안에서 하나님이 주실 말씀을 경청하십시오.

이 모든 기법을 사용하면서 말씀이 우리에게 말하시는 것을 발견할 수도 있는데, 그 때 우리는 계속 기도하고 묵상하고 응답해야 합니다. 살아 있는 말씀과의 만남이 우리 삶의 곤궁한 영역에 대한 단순하고 깔끔하고 마무리해 주는 해결책임을 발견하는 일은 극히 드뭅니다. 말씀은 거의 항상 우리가 반응을 시작해야 하는 지점에서 우리에게 말하십니다. 하나님이 얼마 동안 우리로 하여금 존재하도록 공표하신 말이 되게 하기 위해서 이 반응을 사용하실 수 있습니다. 말씀은 우리의 존재와 행위의 특수한 지점에서, 우리의 말word에 흠이 생긴 지점에서 우리에게 말하십니다. 하나님은 우리의 태도, 지각, 탐닉, 조작, 가치관 등의 내적 실체 안에서 우리를 만나 주십니다. 하나님은 우리의 습관, 관계, 삶에 대한 반응과 반작용의 패턴을 탐구하십니다. 이 영역들은 신속하고 쉽게 해결되지 않는 영역입니다. 영적 성경 읽기가 하나님과의 만남을 면밀히 조사하는 지점을 열어줄 때, 우리는 자신이 읽는 부분이 기도와 묵상과 훈련의 지속적인 초점이 되어 결국 그 지점에서 우리를 향한 하나님의 목적이 성취되었음을 발견할 것입니다.

이 기법들은 개인화될 수 있으며, 그것이 이 기법들의 장점입니다. 하나님의 말씀은 매우 개인적인 것으로서 현재의 우리를 만나 주시고 우리의 현재 상황에 말씀하십니다. 우리의 독특한 존재를 하나님께 열어놓는 데 시너지지 못하는 독서 기법은 영성 형성에 거의 가치가 없습니다. 우리로 하여금 하나님을 피하여 일종의 깊은 신앙의 배후에 숨을 수 있게 해 주는 기법들은 멋대로 수정된 우리의 말word의 본질을 증대시킬 뿐입니다. 살아 있는 하나님의 말씀과의 만남을 받아들이기 위해서 이러한 기법들 중 하나 또는 그 이상을 사용해 보기를 바랍니다. 그러나 그 만남에는 반응이 요구됩니다.

반응

우리가 성경에 접근하여 하나님과의 만남을 받아들인 후에는 반응해야 합니다. 살아 있는 말씀과의 만남은 우리의 반응을 요구합니다. 이 반응이 이성적이고 지적이고 인식적인 차원에서만 발생해서는 안 됩니다. 하나님의 말씀은 우리의 존재와 행위의 일상적인 구조들 안에서의 반응을 요구합니다. 우리와 말씀의 만남, 하나님이 우리에게 건네시는 말씀이 삶의 사소한 일에까지 적용되어야 합니다. 다음에서 말씀이 삶에 적용되는 세 가지 기본 유형— 메모, 훈련, 일지 쓰기— 에 대해서 설명하려 합니다.

메모

성경 본문에서 하나님의 생생한 말씀의 말을 들은 후에 하루 종일, 며칠 동안, 몇 주 동안, 또는 몇 달 동안 그 성경 구절이나 메시지를 계속 염두에 둘 수 있다면, 그것은 무척 귀중한 일이 될 것입니다. 만일 그 성경 본문이나 말씀이 상기시켜준 것을 계속 염두에 두어 마침내 그것이 우리의 존재와 행위를 일치시킬 수 있다면, 말씀의 형성하는 능력을 꾸준히 받아들이게 될 것입니다. 말씀을 우리 앞에 보존하는 데 도움이 되는 몇 가지를 들면 다음과 같습니다.

기록된 메모 활용. 우리 앞에 말씀을 보존하는 한 가지 효과적인 수단은 전략적으로 생활 공간 전역에 그 특별한 말씀을 생각나게 하는 간단한 성구 카드들을 비치해 두는 것입니다. 이런 카드를 매일 자주 활동하는 곳에 비치해 둔다면, 거의 항상 말씀과 만날 수 있을 것입니다. 식사하는 곳, 욕실 거울, 침대 곁, 사무실 책상 위, 주방 싱크대 벽장 위, 냉장고 문, 자동차의 운전석 계기판 위에 말씀 카드를 비치해 둘 수 있습니다. 텔레비전 위에 좀 큰 카드를 비치해 둘 수도 있습니다. 현관문에 이 카드를 붙여 두면 세상으로 나갈 때나 세상에서 돌아올 때에 살아 있는 말씀을 만나게 될 것입니다. 우리는 생활 공간의 원동력을 잘 알고 있습니다. 말씀을 가장 효과적으로 상기시켜줄 장소를 찾아 보십시오.

카드에 긴 성경 구절을 기록할 필요는 없습니다. 한 단어만으로도 우리 존재의 깊은 곳에 영향을 미칠 말씀의 깊음 속으로 이끌려 들어갈 수 있습니다. 종종 성경 본문을 그대로 기억하기보다는 그 본문에서 하나님이 주시는 중심 메시지만 사용하고 싶을 때가 있습니다. 예를 들면 필자가 출애굽기 본문에서 하나님의 말씀을 만났을 때 나로 하여금 모든 것을 통찰하시는 말씀 안에 들어가게 하는 데 필요한 것은 "너는 바로다"라는 메시지였습니다. 내가 말씀과 만났을 때 들은 "옥합을 깨뜨려라"는 말도 목적에 합치합니다. 살아 있는 말씀과의 만남은 매우 개인적인 경험이므로 삶의 한복판에서 그 만남으로 돌아가게 해줄 것을 메모해야 합니다. 만일 말씀이 어떤 특별한 행동을 언급했다면, 그 행동이 발생한 장소에 메모를 해 두어야 합니다.

암송. 이 방법은 단독으로 사용하거나 여기에서 언급된 다른 방법들과 함께 사용할 수 있습니다. 시편 기자는 거듭 말씀을 마음에 기록하라고, 또는 그것을 마음에 두고 항상 묵상하라고 권합니다.[30] 생활 공간에 붙여둔 메모 카드들은 정기적으로 우리의 마음과 정신에 말씀을 상기시켜 주지만, 암송하는 것은 그보다 한층 더 좋은 방법입니다. 우리가 본문을 암송하고 나면, 성령께서 종일 모든 지점에서 우리의 주의를 환기시켜 주십니다.

규칙적인 사건들이 발생할 때 성구를 암송하는 훈련을 함으로써 이러한 상기 작용을 촉진할 수 있습니다. 우리가 있는 곳에서 이따금 종소리, 현관 벨 소리, 차임 벨 소리, 나팔 소리 등이 들려올 수 있습니다. 그럴 때 말씀이 우리에게 말을 건네시는 본문에 주의를 집중했던 것을 상기하는 습관을 계발하십시오. 말씀 앞에 집중하고 있을 때 전화벨이 울리면, 한두 번 더 울리게 내버려 두어도 좋습니다. 타이머나 알람시계가 있으면 말씀 앞에 거하는 시간을 알리는 역할을 하도록 시간을 맞추어 두십시오. 하루 일과가 예기치 않게 중단된다면, 그것을 말씀을 읽으라는 표식으로 간주할 수도 있습니다.

어쨌든 우리의 삶의 원동력과 특성을 가장 잘 아는 사람은 우리 자신입니다. 암기된 말씀을 의식의 표면으로 떠올려줄 메모를 작성하십시오. 만일 말씀이 우리의 존재나 행위의 특수한 측면을 언급한다면, 그 측면이 활동하는 지점을 상기하는 방법을 계발하십시오.

말씀으로 기도하기. 어떤 의미에서 이것은 앞에서 언급한 두 가지 방법, 또는 그 두 가지 방법과 결합되어 사용될 수 있는 방법을 변형한 것입니다(이 방법 자체는 "예수기도"와 비슷하다).[31] 성경 본문과 관련하여 매우 간단한 기도로 표현된 구절을 만들거나 말씀의 메시지를 선택하십시오. 나의 경우를 예로 들자면 옥합을 깨뜨리는 것에 대해 주어진 말씀에서는 "하나님, 내가 옥합을 깨뜨릴 수 있도록 도와주십시오"가 적합할 것입니다. 그 다음에 나의 존재와 행위 중에서 탐닉하거나 교묘하게 조종하거나 장악하려는 측면을 깨뜨리기 위해서 나 자신을 봉헌하는 형태로서 종일 이 표현으로 기도할 것입니다. 특히 그러한 측면이 작용한다고 생각되는 지점에서 이 기도를 드릴 것입니다.

그것은 하나님께 기도하는 것을 상기시켜 주는 메모를 계발하는 데 도움이 됩니다. 첫째 방법에서 메모 카드를 작성하는 것과 생활 공간에 부착되어 기억을 돕는 것들(전화 벨 소리, 현관 벨 소리, 나팔 소리 등)이 기도의 계기로 사용될 수 있습니다. 이 방법에서 추구해야 할 것은 하루 종일 꾸준히 기도하는 것, 우리를 하나님이 공표하여 존재하게 하신 말word로 만들기 위해서 하나님이 우리의 삶의 흐름 속에서 일하실 수 있도록 꾸준히 우리의 생명과 마음을 살아 있는 말씀에 개방하는 것입니다.

말씀으로 노래하기. 만일 우리에게 음악적인 성향이 있다면, 앞의 방법을 변형한 이 방법을 사용해도 좋습니다. 우리는 자신이 기억하고 있는 멜로디나 단순한 곡조를 하루 종일 흥얼거리고 있는 것을 발견한 경험이 있을 것입니다. 이러한 원동력을 우리의 삶에서 이루어지는 하나님의 사역을 위해 사용하지 못할 이유가 없습니다. 원한다면 이미 머리속을 맴돌고 있는 곡조를 사용할 수 있습니다. 단순히 본문의 단어들, 말씀의 메시지, 또는 말씀 기도문을 작성하여 음악에 도입해 보십시오. 이미 그러한 통찰을 효과적으로 진술하고 있는 찬송이나 노래가 있다면, 꾸준히 말씀을 기억하게 하는 수단으로 그것을 사용할 수 있습니다. 대중가요나 광고의 멜로디도 우리를 종일 말씀의 현존 안에 머물게 해 주는 역할을 할 수 있습니다.

이처럼 말씀을 기억하게 하는 모든 방법들을 사용하면서, 우리에게 말하시는 살아 있는 말씀을 일상생활과 활동 속에 도입하십시오. 그 과정에서 둘째 형태의 응답, 즉 훈련의 필요성을 발견하게 될 것입니다.

영성 훈련

성경에 접근할 때 하나님의 뜻대로 행하려는 확고한 의지를 가지고 하나님의 온전하신 뜻을 구해야 한다고 웨슬리는 말합니다. 하나님의 말씀과의 만남이 정보와 관련된 것일 수 없습니다. 우리에게 주시는 하나님 말씀의 유일한 목적이 우리의 지성을 조명해 주는 것일 수 없습니다. 하나님은 우리의 삶과 온전함을 위한 하나님의 뜻을 파괴하는 우리의 존재와 행위의 깊은 구조들 속을 조사하시고 통찰하십니다. 하나님은 우리 안에서 세상과 이웃의 삶 속에 존재하도록 공표하시는 "말"인 우리의 존재와 일치하지 않는 것들에게 말씀하십니다. 이 만남의 목적, 하나님이 하시는 말씀의 목적은 현재의 우리가 하나님이 목적하시는 우리로 변화되는 데 있습니다. 우리의 반응은 순종, 영성 훈련의 순종이라는 형태를 취합니다.

참된 영성 훈련의 본질에 대해서는 이미 논의한 바 있습니다. 우리의 삶의 가장 심오한 훈련들은 살아 있는 하나님의 말씀과의 만남에서 생겨나는 것들, 우리의 개성에 속한 특성들에게 주시는 하나님의 말씀으로부터 출현합니다. 성경 읽기는 기독교인이라면 모두가 행해야 하는 일반적인 영성 훈련입니다. 이 일반적인 훈련은 우리의 존재와 행위 안에 개인적이고 개별적인 대응물을 소유합니다. 우리는 하나님의 말씀이 우리의 삶의 어느 측면에게 말씀하시는 것을 경험할 때에 또한 그 시점에 하나님이 우리의 삶에서 우리로 하여금 어떤 존재가 되라거나 어떤 행동을 하라고 부르신다는 것을 깨닫는 경험을 합니다. 이 때 하나님의 뜻을 행하려는 우리의 확고한 의도가 실현됩니다.

하나님의 말씀이 우리의 해로운 태도나 제한적인 관점을 깊이 조사하시면서 우리의 삶 속에 있는 파괴적인 습관을 언급하실 수도 있습니다. 또 우리의 관계들이 지닌 교묘한 측면을 통찰하여 세상에 대한 반응과 반작용의 비틀린 형태를 적나라하게 드러내실 수도 있습니다. 성경에서 하나님이 우리에게 말씀하시는 것을 발견할 때, 우리의 존재와 행위의 특수한 측면에 대해 언급하실 때 우리는 적절한 순종의 훈련을 하나님께 드려야 합니다. 여기에서도 말씀을 우리의 일상생활에 적용하는 기법들이 도움이 될 수 있는데, 그것들이 우리에게 말씀과의 만남을 기억하게 하며 하나님께 훈련을 바쳐야 한다는 것을 상기시켜 줍니다.

이미 살펴 본 바와 같이 순종의 훈련은 조건 없이 드려져야 합니다. 하나님께 아무것도 요구하지 말며, 훈련에 관해 아무것도 기대하지 말고, 아무런 조건도 제시하지 말아야 합니다. 하나님이 쓰시든지 쓰시지 않든지 우리는 매일, 매 주일, 매달, 매년 훈련을 하나님께 바칩니다. 우리가 훈련에 의해서 우리 힘으로 자신의 존재와 행위를 변화시키는 것이 아닙니다. 우리는 하나님의 능력에 의해 변화되기 위해서 훈련을 통해 우리 자신을 하나님께 바칩니다.

영성 훈련을 시작할 때 그 훈련을 지원해줄 지원 공동체의 필요성을 경험할 것입니다. 말씀과의 깊은 만남의 차원에서 꾸준히 영성 훈련을 행할 수 있는 사람은 매우 드뭅니다. 우리는 훈련을 피하며, 훈련의 한계를 이론적으로 설명하며, 그 훈련을 편안한 수준으로 약화시킬 것입니다. 따라서 우리로 하여금 훈련을 지속하게 하며 격려하고 지원해 주는 책임 있는 구조가 필요합니다. 이것의 실현이 초기 웨슬리 운동에 도입된 속회와 반의 구조로서 서로 책임을 지고 양육하고 지원해 주는 정규적인 교제였습니다. 그러한 집단에 참석할 방법

이 없을 때에는 영적 지도자를 활용할 수 있을 것입니다.[32]

일지 쓰기

하나님의 말씀과의 만남에 대한 반응의 마지막 형태는 일지 쓰기입니다.[33] 영적 성경 읽기 분야에서 일지 쓰기는 성경에 대한 깊은 개인적 성찰의 형식을 취합니다. 일지 쓰기에서는 만남을 다루는 부분에서 묘사된 기법들을 모두 택할 수 있으며, 또 우리가 말씀을 일상생활에 적용하며 하나님과의 만남에 의해 형성된 영성 훈련을 실천하려 할 때 발생한 것을 깊이 생각할 수 있습니다.

일지를 쓸 때에는 말씀에 대한 자신의 느낌, 태도, 반응, 반작용 등에 특별히 주목해야 하며, 말씀을 일상생활에 적용하려는 시도 및 말씀으로 인해 시도하게 된 훈련을 분석해야 합니다. 자신의 성공과 실패, 의기양양함과 낙심, 성취와 좌절 등에 주목하십시오. 하나님의 말씀과의 만남 및 그에 대한 반응과 관련하여 솔직하고 정직해야 합니다. 일지는 다른 사람이 보지 못하는 비밀한 것이 되어야 합니다. 그래야만 거리낌이 없이 건설적으로 일지를 기록할 수 있습니다. 허락된 사람만이 일지의 내용을 볼 수 있어야 합니다.

두 주일마다, 또는 매달 일지에 기록한 내용을 검토해 보십시오. 말씀에 응답한 방식들, 감정의 유형들, 승리나 패배의 연속, 성공과 실패의 관계 등을 찾아보십시오. 이것들은 말씀과 당신의 만남 및 그 응답에 대해 무엇인가를 드러내 줍니까? 하나님에 대한 당신의 응답이 제한되거나 존재하지 않는 상황이 있습니까? 당신의 훈련이 자신의 존재의 필수적인 부분이 되는 곳이 있습니까? 당신을 하나님이 존재하도록 공표하신 말word로 변화시키시려는 하나님의 사역이 행해지고 있다는 증거를 발견할 수 있습니까?

일지 검토는 말씀에 대한 자신의 응답에서 시작되는 특별한 영성의 원동력들에 대한 통찰을 제공해 줄 수 있습니다. 일지 검토가 하나님의 말씀이 말하려 하시는 깊은 존재나 행위의 차원을 드러내는 데 기여할 수도 있습니다. 종종 말씀에 대한 최초의 응답은 우리 본성의 피상적인 차원에서 발생합니다. 우리는 문제의 근원이 아닌 증세에 대해 반응하기 시작합니다. 그러나 만일 우리의 반응의 동기가 참된 것으로서 하나님으로 하여금 우리 안에서 완전한 사역을 행하시게 하려는 것이라면, 훈련되고 감응하기 쉬운 순종 안에서 말씀에게 개방되어야 할 필요가 있는 깊은 실체들에게 우리를 개방하기 위해서 피상적인 차원, 또는 증세의 차원에서 이루어지는 우리의 응답을 하나님이 사용하실 것입니다. 규칙적으로 일지를 검토하면, 말씀이 우리를 깊이 조사하여 보다 깊은 반응의 차원으로 이동시키시는 지점을 알 수 있습니다.

접근, 만남, 반응. 이것들은 영성 형성에서 성경이 소유하는 세 가지 리듬입니다. 이 책에서는 주요 초점을 접근 분야에 두었는데, 그 까닭은 이 리듬이 만남과 반응의 질과 효력을 결정하기 때문입니다. 접근이라는 리듬은 우리가 문화에 의해 크게 왜곡된 지점에 있습니다.

하나님이 이 책을 사용하여 우리들을 다음과 같이 이끌어 주시기를 기도합니다.

1. 당신 자신을 세상의 삶 속에서 하나님이 공표하시는 "말"로 새롭게 인식하게 되기를 기원합니다.

2. 형성적인 성경 읽기 방식에 대한 새로운 인식을 주시기를 기도합니다. 그것은 당신의 왜곡된 "말"로 하여금 살아 있는 하나님 말씀의 능력을 받아들이게 해줄 것입니다.

3. 성경의 성상학적인 차원을 새로이 인식하기를 기도합니다. 말씀이 이 차원을 통해서 당신을 만나 주시고, 당신의 존재와 행위의 보다 깊은 내적 특성들을 통찰하실 것입니다.

4. 기독교적인 삶을 하나님의 때에 속한 실존kairotic existence으로 보는 새로운 인식, 세상적인 존재 질서의 표면적인 재배열이 아니라 그리스도 안에 있는 존재의 새롭고 깊은 질서로서의 인식이 주어지기를 기도합니다. 이 새 질서의 가치관과 구조와 원동력들은 이 세상 질서와는 완전히 다른 것입니다. 이것은 성경 안에

서 하나님이 우리의 삶 속에 말씀하시고 우리의 상처 입은 말을 만져 주시고, 우리를 하나님이 존재하도록 공표하시는 말로 만들기 시작하는 일입니다.

5. 당신의 일정에 따라서 하나님의 변화를 이루게 하려는 자기 발생적인 노력보다는 당신의 삶 속에서 하나님의 사역의 대리인이 되는 것을 허락하는 합리적인 접근 방식에 대한 깨달음을 얻기를 기도합니다.

6. 영적 성경 읽기 훈련과 말씀에 대한 순종이 당신이 자신의 존재 안에 변화를 이루기 위해서 행하는 행위들이 아니라 하나님이 당신의 존재를 변화시키시기 위한 수단으로 하나님께 드리는 사랑 가득한 행동이 되는 존재-행위의 실체에 대한 깨달음이 주어지기를 기도합니다.

당신이 이러한 인식의 변화와 경험의 변화를 통해서, 그리고 이 책에서 제시한 만남의 기법들 중 몇 가지를 사용하여 살아 있는 하나님의 말씀과의 규칙적이고 깊은 만남 속으로 효과적으로 들어갈 수 있게 되기를 기도합니다. 성경에 대한 새로운 접근 방법을 통해서 이 기법들 모두 또는 일부가 하나님께 바쳐진다면, 당신은 끊임없이 깊이 조사하고 통찰하시지만 영광스럽게 변화시켜 주시는 생명의 말씀에 자신을 끊임없이 개방하게 될 것입니다.

마지막으로 당신이 계발한 만남의 기법들을 사용하여 새롭게 성경에 접근함으로써 살아 있는 말씀에 응답하게 되기를 기도합니다. 그러한 응답은 하나님으로 하여금 당신을 세상과 이웃의 삶 속에 존재하도록 공표하시는 성숙한 "말"로 변화시키실 수 있게 해줄 것입니다. 이 큰 모험을 하는 당신에게 하나님이 풍성한 복을 주시기를 기원합니다.

부록

영성 형성과 심리학[34]

최근 영성 형성의 대중화가 지닌 하나의 약점은 "한 사이즈가 모두에게 맞는다"라는 입장을 취하는 것처럼 보이는 영성 형성 자료들의 확산이었다. 그러한 자료들은 분명한 영성 형성 프로그램, 기법, 또는 방법을 제공한다. 그것들은 그 프로그램을 실행하는 사람은 누구나 성숙한 영성을 성취할 것이라고 기대하게 만든다. 그러나 영성 형성은 개인적이고 독립적인 여정이다. 어떤 사람에게는 효과가 있겠지만 다른 사람의 경우는 상이할 수 있다. 이 말은 영성 형성이 집단적인 체험이라는 과거의 주장을 비방하려는 것이 아니다. 꾸준히 영성 형성을 유지하려면 다른 사람들의 지원과 지도가 필요하다. 그러나 영성 형성의 개인적인 본질은 특히 각자의 특성에 맞추어져야 한다.

영성 형성의 개인적이고 독립적인 본질은 고찰되어야 할 관심 분야, 즉 영성 형성과 심리학의 관계를 제기한다.

영성 형성은 심리 치료나 카운셀링의 대체물代替物이 아니다. 영성 형성은 심리적으로 안정을 취하게 하며, 심리치료 과정에 도입되기도 한다. 심리치료나 카운셀링도 영성 형성의 과정을 향상시켜 줄 수 있다. 영성 형성과 심리치료 모두 온전함으로의 성장을 추구하는 과정들이며, 그렇기 때문에 서로를 보완해줄 수 있다. 만일 영성 형성 과정에서 심리학적인 문제가 발생한다면, 건전한 심리학적 도움을 구할 수도 있다.

영성 형성에 대한 우리의 이해를 증진하는 데 있어서, 특히 개인적인 영성 형성 프로그램을 개발하는 데 있어서 심리학이 중요한 역할을 한다. 이것은 주로 삶의 심리학적 단계에 대한 깨달음과 인격 유형들에 대한 심리학적 이해에서 발견된다.

융의 심리 유형론

최근에 다소 널리 받아들여진 심리학 발달 이론이 칼 융Carl Jung의 심리 유형론이다. 융은 여러 해 동안 심리학 연구를 하면서 사람들을 네 쌍의 인격적 특징들로써 분류할 수 있다는 점에 주목했다. 이 특징들은 세상과 상호작용할 때 특별한 기능을 선호하는 것과 관련이 있다. 네 쌍은 외향성/내향성(E/I); 감각/직관(S/N); 사고/감정(T/F); 인식/판단(P/J) 등이다.

누구나 이 네 쌍 중 한 쌍, 그리고 그 중 한 편을 선호한다. 우리는 외향성이나 내향성, 감각이나 직관, 사고나 감정, 인식이나 판단 중 하나를 선호한다. 이것들을 조합하면 16가지 인격 유형이 가능한데, 각 기능을 나타내는 문자를 사용하여 제시해보면 다음과 같다.

INFP	ISFP	INTP	ISTP
ENFP	ESFP	ENTP	ESTP
INFJ	ISFJ	INTJ	ISTJ
ENFJ	ESFJ	ENTJ	ESTJ

한 사람이 이러한 유형들 중 하나임을 지적하는 것이 각 쌍의 다른 편이 부재한다는 의미는 아니다. 예를 들어 INFP 인격에 ESTJ 기능들이 부족하지 않지만, 그가 세상과 상호작용할 때 그것들은 INFP 기능에 종속된다. 또 한 유형에 속하는 모든 사람들이 성품이나 인격에 있어서 동일한 유형에 속하는 사람들과 동일할 것이라는 의미는 아니다. 각 인격 유형 안에 있는 각 요소의 상대적인 장점이나 약점을 강조하는 데는 무한한 다양성이 있을 수 있다. 예를 들어 INFP 유형에 속하지만 I가 E보다 그리 강하지 않은 사람이 있고, I에 대한 선호도가 강력하고 E에 대한 것은 그에 상응하여 약한 사람이 있을 수 있다. 따라서 각각의 유형 안에 있는 가능성은 무한히 다양하다.

이렇게 짝을 이루는 기능들은 무엇을 가리키는가? 외향적인 사람은 근본적으로 사람들과의 관계 안에서 에너지의 근원을 찾는 사람이며, 내향적인 사람은 독거 안에서 에너지를 발견하는 사람이다. 외향적인 사람은 사람들과 함께 있음으로써 자극을 받고, 내향적인 사람은 사람들과의 교제가 자신의 에너지를 고갈시키는 것을 발견한다. 내향적인 사람에게는 홀로 고요히 일하는 것, 독서하고 묵상하는 것 등 홀로 행하는 행동이 자극이 되지만 외향적인 사람에게는 그러한 행동이 오히려 에너지를 고갈시키는 결과를 초래할 뿐이다. 외향적인 사람은 사람들이 없을 때 고독을 경험하지만, 내향적인 사람은 군중 속에서 고독을 경험할 것이다.

감각적인 사람은 자기 자신이나 다른 사람이 체험한 사실과 경험에 관심을 갖는다. 그의 관심사는 자신의 삶이나 주변 세상에서 실제로 발생했거나 발생하고 있는 것에 있다. 그러나 직관적인 사람은 가능성이나 개연성에 관심을 갖는다. 그는 발생한 것보다 발생했을 수 있는 것에 관심을 갖는다. 직관적인 사람은 몽상가나 환상가들로서 그에게서는 상상력이 중요한 역할을 한다.

사고 중심의 사람은 일반적이고 객관적인 판단을 선택의 기초로 삼는 데 반해, 감정 중심의 사람은 개인적인 것을 기초로 하여 선택한다. 사고 중심의 사람은 선택을 할 때 자신의 감정이나 다른 사람들의 감정을 고려하지 않고 객관적이고 논리적인 원리에 기초하여 결정하는 경향을 나타낸다. 그러나 감정 중심의 사람은 자신의 감정이나 다른 사람의 감정을 선택의 기초로 삼는 경향이 있다. 사고 중심의 사람은 자기의 감정을 공개적으로 나타내지 않지만, 감정 중심의 사람은 쉽게 자기의 감정을 공적으로 나타낸다.

판단적인 사람은 삶의 활동에서 종결을 추구한다. 그는 "사물을 포장하기"를 좋아한다. 판단적인 사람은 매우 일정 지향적이며, 보통 마감 시간을 맞춘다. 인식적인 사람은 사물을 제한하지 않는 것을 선호하며, 종결짓는 데 저항한다. 인식적인 사람들은 일정이나 마감 시간에 맞추어 일할 때 어려움을 느낀다.

이러한 인격 유형들의 복합성은 영성 형성과 깊은 관계가 있다. 외향적인 사람은 집단적인 영성이 유익하다는 것을 발견할 것이다. 외향적인 사람에게는 예배(특히 사람들과의 상호작용이 강조되는 곳), 소그룹 경험, 그리고 나눔과 돌봄 유형의 영성이 중요할 것이다. 그러나 내향적인 사람에게는 고독한 영성이 유익할 것이다. 즉 독거, 묵상, 수도적 은거, 독서 등이 중요할 것이다. 다른 쌍들의 기능들에 대해서도 동일한 구분을 할 수 있다. 심리 유형적용센터(Center for Application of Psychological Type)에서는 심리 유형을 영성과 연결하는 많은 자료들을 개발했다.[35]

영성 형성에 있어서 심리 유형이 지니는 가장 중요한 의미는 우리가 온전함을 향해 성장하려면 우선적으로 선호하는 인격 유형과 부차적으로 선호하는 인격 유형 모두를 육성해야 한다는 점이다. 이 점에서 대부분의 영성 형성은 기대에 미치지 못한다. 우리는 우선적으로 선호하는 것을 육성하고 부차적으로 선호하는 것은 육성하지 않은 채 내버려두는 영성 형성의 원동력을 채택하면서 자신에게 적합한 영성 형성의 훈련과 실천을 택하는 경향을 나타낸다. 예를 들면 INTJ 유형의 사람들은 그러한 측면들을 육성하고 증진시켜 주는 형태의 영성생활에 참여하지만 ESFP 원동력들은 손대지 않을 것인데, 그것은 결국 그들의 영성생활에 잠재적이고 심각한 파괴적 이분법을 초래할 것이다. 지배적인 원동력인 INTJ 밑에서 양육되지 않은 ESFP 원동력들이 소용돌이치다가 예기치 못한 장소에서 예견하지 못한 방법으로 돌출하여 나와 INTJ 원동력들의 영성을 파괴할 것이다.

우리의 인격 유형은 하나님이 세상에 존재하도록 우리를 공표하신 것의 일부이다. 만일 우리가 하나님이 공표하시는 "말"이라면, 우리의 "말"이 살아 있는 하나님의 말씀에 의해 형성되려면 우리의 존재 전체에 말씀이 주어져야 한다. 우리가 영성 형성을 이루려면, 존재의 모든 원동력을 하나님께 개방해야 한다.

인격 유형이 영성 형성과 관련하여 함축하는 의미를 알기 위해서 세 가지를 행할 수 있다. 가장 쉬운 것은 데이비드 커시(David Keirsey)의 *Please Understand Me II*(Del Mar, Calif.: Prometheus Nemesis, 1998)라는 책을 구입하는 것이다. 그 책에 수록된 "기질 분류표"는 우리의 심리 유형을 꽤 정확하게 판단해줄 것이다. 그 책은 영적인 관점에서 저술된 것이 아니지만, 인간의 기본 기질들에 대한 건전한 지식을 제공해주며 각각의 심리 유형의 원동력들에 대한 훌륭한 통찰을 제공한다. *Please Understand Me II*를 읽는 것 외에 MBTI(Myers-Briggs Type Indicator Analysis)를 사용할 수 있다. 그것은 심리 유형에 대한 가장 정확한 판단을 제공해 주며, 대부분의 교육 기관을 통해서 이용할 수 있다. 세 번째로 가능한 일은 레지날드 존슨의 『당신의 인격과 영성생활』(*Your Personality and the Spiritual Life*)을 읽는 것이다. 이 책은 선호 패턴들과 영적 성장의 통합을 제공해 준다.

삶의 심리적 단계들

영성 형성에 크게 도움이 되는 또 하나의 심리학적 현상이 에릭 에릭슨Erik Erikson의 업적과 더불어 시작되었다. 그는 인간의 발달에 여덟 단계가 있고 각 단계마다 고유한 중요 갈등이 있음을 확인했다.[36] 고든 앨포트Gordon Allport는 다른 방향에서 이러한 연구를 계속했으며, 인간의 인격을 되어짐의 과정에 있는 성품들의 역동적인 복합체라고 보았다.[37] 이 분야에서 레빈슨Levinson의 연구는 중년의 위기에 초점을 두어 왔다.[38] 에블린 화이트헤드와 제임스 화이트헤드는 삶에 대한 이러한 연구들을 종합하여 종교적 성장과 연결지었다.[39]

인생의 심리적 단계들 및 각 단계의 형성적 원동력들을 아는 것이 전인적 영성 형성에 중요하다. 인생의 각 단계에 성취되어야 할 의무가 있다. 어느 단계에서든지 "병적 애착에 의한 성숙의 정지"(미완성의 의무)를 경험하는 것은 이후의 단계들을 통과하는 데 방해가 되며, 영적 성장과 발달도 파괴할 것이다. 영성생활의 어떤 단계들은 심리적인 단계들과 상응한다.

이 부록은 심리학과 영성 형성의 관계를 상세히 다루려는 것이 아니다. 이에 대해 상세히 다루려면 그 자체로 책 한 권이 필요할 것이다. 여기서는 단지 독자들이 위에 언급된 서적들을 참고하면서 자력으로 이 분야를 탐구해 가기를 바라면서 영성 형성의 중요한 측면을 소개한 것에 불과하다. 우리의 영성 형성은 우리 존재의 독특한 원동력 및 우리가 처해 있는 단계와 관련하여 우리의 삶에서 이루어지는 하나님의 사역 과정이다.

1) 대부분의 역본들은 "책망하고 징계하다"로 번역한다. paideuo라는 그리스어에 징계의 요소가 포함되어 있기는 하지만, 그것은 양육하여 장성하거나 온전하게 한다는 보다 넓은 개념이다.

2) Thomas à Kempis, *The Imitation of Christ, Paraphrased in Deeper Furrows*, ed. Errol, G. Smith (The Washington Area United Methodist Church, 1976), 119.

3) 마 11:15; 13:9, 43; 막 4:9, 23, 7:16; 8:18.

4) 영성 형성에 대한 이 정의에 대해서 자세히 알려면, M. Robert Mullholland Jr. *Invitation to the Journey: A Roadmap for Spiritual Formation* (Downers Grove, Ill: InterVarsity Press, 1993), 15-44를 보라.

5) 이것은 아빌라의 테레사, 시에나의 캐더린 등의 것으로 간주된다.

6) John Wesley, *The Works of John Wesley*, Vol. 14; 3rd ed. (Kansas City: Beacon Hill Press, 1979), 253.

7) 신약성경에서 "교훈"의 복수형은 사람들과 마귀들의 가르침을 나타내는 데 사용된다: 마 15:9=막 7:7; 골 2:22; 딤전 4:1; 히 13:9; 엡 4:14. 단수형은 복음을 나타내는 데 사용된다: 행 2:42; 5:28; 13:12; 17:19; 롬 6:17; 16:17; 딤전 1:10; 4:6, 13, 16; 5:17; 6:1, 3; 딤후

3:10, 16; 딛 1:9; 2:1, 7, 10.

8) Aelred Squire, *Asking the Fathers* (New York; Paulist Press and Morehouse-Barlow, 1976), 124f.

9) 그러한 훈련의 본질에 대해서는 Mullholland, *Invitation to a Journey*, 75-140을 참조하라.

10) Susan Annette Muto, *Renewed at Each Awakening* (Denville, NJ.: Dimension Books, 1979), 135.

11) Squire, *Asking the Fathers*, 3.

12) Alan W. Jones, *Journey into Christ* (New York: Seabury Press, 1977), 13.

13) Paul S. Minear, "Church, Idea of," Interpreters' Dictionary of the Bible, vol. i, ed G. A. Buttrick (Nashville: Abingdon Press, 1962), 616a.

14) *Ibid*. 616b.

15) 참조: 마 26:18; 막 1:15; 눅 12:54-56; 19:44; 요 7:6-8; 롬 5:6; 딛 1:3; 히 9:8-10; 벧전 1:11.

16) 참조: 마 8:29; 13:33; 눅 21:7-8; 행 3:19-21; 고전 4:5; 엡 1:9; 살전 5:1; 딤전 6:15; 벧전 1:5-7.

17) 참조: 롬 3:26; 8:18; 11:5; 13:11; 고전 7:29; 고후 6:1-2; 갈 6:10.

18) 헬라어로는 *asotia*. 바울은 두 가지 존재의 질서를 대조하는 듯하다.

19) 영성 훈련에 대해 보다 완전히 알려면, Mulholland, *Invitation to a Journey*, 75-140을 보라.

20) Edward E. Thornton, "The First Lesson I the Hardest." *The Cessna Lecture*, Asbury Theological Seminary, april 4. 1983.

21) George MacDonald, *Diary of an Old Soul* (Minneapolis: Augsburg Publishing House, 1975), 104.

22) Mulholland, *Invitation to a Journey*, 75-140을 참조하라.

23) 영성 형성에서 공동체의 역할에 대해 보다 자세히 다룬 것으로는 Mulholland, *Invitation to a Journey*, 141-57을 참조하라.

24) Susan Annette Muto, *A Practical Guide to Spiritual Reading* (Denville, N.J.: Dimension Books, 1976), 26.

25) John Wesley, *Directions to Penitents and Believers for Renewing Their Covenant with God*, 11th edition(London: The Conference Office, 1809), 11f.

26) Wesley, *Works*, Vol. 14, 253.

27) 2년 과정의 성구집으로 *Spiritual Formation Resource Packet*, Published by Division of Ordained Ministry of the Board of Higher Education and Ministry of the United Methodist Church, Box 340007, Nashville, TN 37203-1117이 있다.

28) 영적 독서의 기법을 다룬 참고 도서는 다음과 같다: Susan Annette Muto의 저서 다섯 권: *Renewed at Each Awakening: The Formative Power of Sacred Words* (Denville, N.J: Dimension Books, 1979); *Steps Along the Way: The Path of Spiritual Reading* (Dimension, 1975); *A Practical Guide to Spiritual Reading* (Saint Bede's Publications, 1994); *The Journey Homeward: On the Road of Spiritual Reading* (Dimension, 1977); *Approaching the Sacred: An Introduction to Spiritual Reading* (Dimension, 1973); Morton Kelsey, *The Other Side of Silence: meditation for the Twenty-First Century* (Mahwah, H.J.: Paulist Press, 1997); Carolyn Stahl Bholer, *Opening to God: Guided Imagery meditation on Scripture* (Nashville: Upper Room Books, 1996).

29) Louis J. Puhl, *The Spiritual Exercises of St. Ignatius* (Chicago: Loyola University Press, 1951). Cf. David M. Stanley, *A Modern Scriptual Approach to the Spiritual Exercises* (St. Louis: The Institute of Jesuit Sources, 1993).

30) 시 1:2; 40:8; 119:11, 15, 78 참조.

31) 예수기도에는 여러 가지 형태가 있다: "살아 계신 하나님의 아들, 주 예수 그리스도시여, 죄인인 나를 불쌍히 여기소서"; "주 예수여, 나를 불쌍히 여기소서". 간단히 "예수여"라고 하기도 한다. 예수기도의 기본 사상은 하루 종일 이 기도를 호흡함으로써 그것이 우리의 삶의 기본 리듬이 되게 하는 데 있다. 예수기도에 관한 고전적인 글로 『순례자의 길』(은성출판사)을 보라.

32) 영적 지도에 대한 정보를 알려면 다음을 참고하라: Adrian van Kamm, *Dynamics of Spiritual Self-Direction* (Denville, N.J.: Dimension Books, 1976); Francis W. Vanderwall, *Spiritual Direction: An Invitation to Abundant Life* (New York: Paulist Press, 1981); Kenneth Leech, *Soul Friend: An Invitation to Spiritual Direction* (San Francisco: Harper Sanfrancisco, 1992); Tilden Edwards, *Spiritual Friend: Reclaiming the Gift of Spiritual Direction* (Mahwah, N.J.: Paulis Press, 1997); Thomas Merton, *Spiritual Direction and Meditation* (Collegeville, Minn,: The Liturgical Press, 1960); Robert F. Morneau, *Spiritual Direction: Principles and Practices* (New York: Crossroad, 1992); Keith R. Anderson, *Spiritual Mentoring: A Guide for Seeking and Giving Direction* (Downers Grove, Ill.: InterVarsity Press, 1999).

33) 일지 쓰기에 대한 정보를 얻으려면 다음을 보라: Morton Kelsey, *Adventure Inward* (Minneapolis: Augsburg Publishing House, 1980); Ira Progoff, *At a Journal Workshop* (New York: Putman Publishing Group, 1992).

34) Mulhollans, *Invitation to a Journey*, 45-73을 보라.

35) Center for Application of Psychological Type, 2815 NW 13th sreet, Suite 401, Gainsville, Fl. 32609.

36) Erik Erikson, *Childhood and Society* (New York: W. W. Norton & Co. 1993).

37) Gordon W. Allport, *Becoming* (New Haven: Yale University Press, 1955).

38) D. Levinson, *Seasons of a Man's Life* (New York: Knopf, 1978).

39) Evelyn Whitehead and James Whitehead, *Christian Life Patterns* (New York: Crossroad, 1979).